VANESSA BUSCH

AB JETZT ZUCKERFREI

Schnelle und einfache Rezepte
für jeden Tag

#FOODIE

Inhalt

VORWORT – THAT'S ME 5

Mein Weg weg vom Zucker 7

Zucker ist nicht gleich Zucker 8

Zuckerkonsum und seine Folgen 10

Versteckter Zucker 12

Finde deine Zuckeralternativen 14

Zuckerfrei, zuckerarm & Co. – was ist was? 17

Dein Weg weg vom Zucker 18

Das Abenteuer Supermarkt 20

Dein Heißhunger-SOS 24

GRUNDREZEPTE – FÜR JEDEN TAG 26

FRÜHSTÜCK – DER PERFEKTE START 44

SNACKS – FÜR ZWISCHENDURCH 66

KUCHEN – ZUM SCHWELGEN 90

HERZHAFTES – ZUM SATTESSEN 112

GETRÄNKE – HEISS & KALT 142

REZEPTVERZEICHNIS 162

IMPRESSUM 166

That’s me

Wie schön, dass mein Koch- und Backbuch dein Interesse geweckt hat! Bevor ich dir etwas darüber erzähle, wie ich es „weg vom Zucker“ geschafft habe, möchte ich mich kurz bei dir vorstellen. Ich bin Vanessa, mittlerweile 37 Jahre jung und in den sozialen Medien, vor allem auf Instagram, unter Primaskitchen bekannt. Ich bin Mutter eines wunderbaren Jungen, habe einen tollen Partner an meiner Seite und lebe mit meiner kleinen Familie im schönen Baden-Württemberg. Ein Teil meines Herzens schlägt aber nach wie vor für Kölle, meine Geburts- und Heimatstadt.

Wenn ich so zurückdenke, dann habe ich bereits in jungen Jahren angefangen zu backen – und es immer schon geliebt. Ich habe mir mein Taschengeld damals sogar bei einem befreundeten Konditor in der Backstube aufgestockt. Kochen kam tatsächlich erst viel später dazu, ist aber mittlerweile nicht mehr aus meinem Alltag wegzudenken. Einfache, schnelle, leckere und familienfreundliche Rezepte mit frischen, simplen und überschaubaren Zutaten, das ist genau mein Ding – genauso wie beim Backen den Zucker zu ersetzen und meine Ernährung kalorienfreundlicher zu gestalten.

> *» Du musst auf nichts verzichten, du brauchst nur die passenden Alternativen! «*

In diesem Buch möchte ich dir das Wissen, Infos, Tipps und Tricks und natürlich Rezepte mitgeben, damit du gut gelaunt zuckerfrei starten kannst. Oftmals tut man sich gerade am Anfang im Alltag schwer, hat lauter Fragezeichen im Kopf und ist verunsichert. Oder ist deshalb auch frustriert – und der Griff zum Süßigkeitenschrank liegt da leider nahe. Das soll dir nicht so gehen! Mit diesem Buch bist du für den Start bestens vorbereitet.

Ich bin super gespannt, welche Rezepte dir und deiner Familie am besten schmecken, und würde mich sehr über Feedback auf Social Media freuen.

Viel Spaß beim Ausprobieren und Schlemmen!

Deine

Vanessa

Mein Weg weg vom Zucker

Zuallererst: Für mich bedeutet **zuckerfrei** nicht, komplett und radikal auf Zucker zu verzichten. Bei mir gibt es auch mal ein bisschen normale Schokolade, ein Stück Torte vom Konditor des Vertrauens sowie eine zuckerhaltige Speise oder ein zuckerhaltiges Getränk, wenn ich irgendwo eingeladen bin. Totalen Zwang finde ich kontraproduktiv. Doch ich konsumiere solche zuckerhaltigen Lebensmittel oder Getränke sehr selten, definitiv nicht täglich. Denn es gibt mittlerweile so viele tolle Alternativen, dass man super auf raffinierten Zucker verzichten kann. Was ich gelernt habe: **Finde deinen eigenen Weg und bleibe dir treu.**

Wenn ich selbst koche oder backe, füge ich heute in keinem Fall mehr raffinierten Zucker hinzu. Genauso, wenn ich Rezepte für Social Media oder beispielsweise dieses Buch hier entwickle – dann verzichte ich komplett darauf.

Vielleicht bist du ja neugierig, wie ich auf den zuckerfreien Weg gekommen bin? Der erste große Wendepunkt kam 2010, als ich bei der Bundeswehr anfing und dadurch wieder leidenschaftlich Sport machte. Zunächst blieb es dabei: viel Bewegung.

Im Jahr 2012 kam dann ein größeres Interesse an Ernährung mit dazu. Ich beschäftigte mich mehr damit, was ich da jeden Tag so zu mir nahm. Ich begann, mich mit Lebensmitteln, Kalorien, Nährstoffen und auch dem enthaltenen Zucker auseinanderzusetzen.

Zum ersten Mal wurde mir bewusst, dass es zwar schön und gut ist, sich viel zu bewegen und Sport zu machen, dass aber der **viel wichtigere Punkt für einen gesunden Körper die Ernährung ist.** Und glaub mir, meine war eine komplette Katastrophe: Tütenfix, Schokolade, Chips, Tiefkühlpizzen und -gerichte ... Das war mein kulinarischer Alltag. Nix mit frischem Gemüse, selbst gebackenem Kuchen, der ohne Zucker auch kalorienfreundlicher ist – aber damit sollte Schluss sein, und meine Reise „weg vom Zucker" ging los.

Natürlich war sie auch mal steinig, die Umstellung gelang mir nicht von heute auf morgen. Aber ich habe begonnen, mich mit dem Thema Zucker auseinanderzusetzen, kochte mehr selbst und entdeckte auch neue Backrezepte. Mit der Zeit sammelte ich immer mehr Wissen an. Es fiel mir immer leichter, im Alltag auf raffinierten Zucker zu verzichten. Gleichzeitig wurde Instagram wichtiger für mich. Deshalb änderte ich meinen privaten Account dort in ein **Ernährungstagebuch.** Dieses sollte erst mal nur für mich sein, jedoch hatte ich schnell die ersten Follower*innen und selbst auch tolle Profile entdeckt, die genau die gleichen Interessen haben wie ich.

Primaskitchen war geboren! Dadurch bin ich bei meinem Weg ohne raffinierten Zucker geblieben, habe angefangen, eigene Rezepte zu entwickeln, Bücher mit meinem Wissen und alltagstauglichen, gut erprobten Rezepten zu schreiben, konnte eine tolle Community aufbauen. Schon vielen Menschen durfte ich bei ihrem Start in eine neue Ernährung helfen. Trau auch du dich und nimm dein **zuckerfreies Glück** selbst in die Hand. Ich hoffe, dass ich auch dich demnächst in meiner Community begrüßen darf!

Zucker ist nicht gleich Zucker

Aus meiner Community erreichen mich häufiger Fragen wie: „Vanessa, was ist denn mit dem Zucker in Dosentomaten, Vollkornbrot …“ oder „Warum heißt es bei Produkt XY ***enthält von Natur aus Zucker“*** oder „… was ist denn nun wirklich zuckerfrei?“

Zunächst solltest du wissen, dass es viele Lebensmittel gibt, in denen von Natur aus Zucker (in Form von Frucht- oder Milchzucker) steckt. „Von Natur aus“ sagt es schon – gemeint ist nicht die Tüte Weingummi, das mit zusätzlichem Zucker versehen wird. Doch ist „von Natur aus“ auch immer gut? Sehen wir uns die bedeutsamen Unterschiede gemeinsam an!

WAS SIND KOHLENHYDRATE?

Alle Zucker fallen unter diesen Oberbegriff. Kohlenhydrate bestehen aus unterschiedlich zusammengesetzten Bausteinen. Viele einfacher aufgebaute Kohlenhydrate sind uns im Alltag bekannt als Zuckerarten, komplexere Kohlenhydrate kennen wir z. B. als Stärke. Doch die schmeckt ja gar nicht süß – warum eigentlich nicht? Das liegt am Bauplan der jeweiligen Kohlenhydrate.

Je kürzer ein Kohlenhydrat ist, desto süßer schmeckt es.

Diese Unterschiede im Bauplan der Kohlenhydrate spielen nicht nur für den Geschmack eine Rolle. Denn unser Körper verstoffwechselt Zucker bzw. Kohlenhydrate unterschiedlich schnell, je nachdem, wie komplex die Struktur aufgebaut ist.

ZUCKERARTEN

Sehen wir uns den Bauplan von Zucker an. Also, es gibt Einfachzucker, Zweifachzucker, Mehrfachzucker. Die Fachbegriffe Mono-/Di-/Polysaccharide findet man auch häufiger. Die Bezeichnungen richten sich nach der Menge der Kohlenhydrateinheiten, die für das jeweilige Zuckermolekül zusammenkommen.

Einfachzucker/Monosaccharide

Sie sind die einfachsten Zucker und bestehen nur aus einer Kohlenhydrateinheit. Dazu gehören:

- Fruchtzucker (Fruktose)
- Traubenzucker (Glukose/Dextrose)
- Schleimzucker (Galaktose)

Diese Zuckerart ist natürlich enthalten in Obst, Gemüse, Milchprodukten. Einfachzucker schmeckt besonders süß.

Zweifachzucker/Disaccharide

Die Zweifachzucker bestehen aus zwei einfachen Kohlenhydrateinheiten (zwei Einfachzuckern). Dazu gehören:

- Saccharose (Haushaltszucker aus Zuckerrüben oder Zuckerrohr)
- Milchzucker (Laktose)
- Maltose (Malzzucker)

Saccharose besteht aus je einem Baustein Traubenzucker und Fruchtzucker. Süßigkeiten, Brot und auch Milchprodukte enthalten Zweifachzucker.

Saccharose enthält keinerlei Vitamine, Mineralstoffe und Spurenelemente.

DIE FRUCHTZUCKERFALLE

Fruktose ist ein Sonderfall. Sie geht zwar nicht direkt ins Blut wie die anderen Einfachzucker und lässt somit den Blutzuckerspiegel nicht so steil ansteigen. Trotzdem hat der übermäßige Konsum negative Auswirkungen auf unseren Körper. Denn Fruchtzucker beeinflusst den Hormonhaushalt und kann unsere Leber belasten; ein übermäßiger Konsum kann zu einer Fettleber führen. Also gilt auch bei Fruktose: **in Maßen statt in Massen.** Eine Ernährung mit sehr viel Obst (also mehr als die empfohlenen 250 g täglich) ist nicht automatisch gesund!

Mehrfachzucker/Polysaccharide

Sie sind – die Bezeichnungen verraten es schon – die komplexesten Kohlenhydrate. Sie bestehen aus drei oder mehr Bausteinen und schmecken daher weniger oder kaum süß. Stärke ist z. B. ein Mehrfachzucker. Man findet sie unter anderem in Getreide, Hülsenfrüchten, Kartoffeln und einigen weiteren Gemüsesorten.

WELCHE KOHLENHYDRATE SIND GUT FÜR DICH?

In unserer Nahrung gibt es also unterschiedlich komplexe Kohlenhydrate, die Einfach-, Zweifach- und Mehrfachzucker. Sie treten immer auch in natürlicher Form auf, sind also in pflanzlichen Lebensmitteln oder Milch enthalten. Aber auch industriell gewonnene Einfach- und Zweifachzucker sind in unserer heutigen Ernährung weitverbreitet. Sie werden industriell hergestellter Nahrung zugesetzt.

Diese vielen Unterschiede haben dir schon eines gezeigt: Es ist wichtig, in welcher Form wir Zucker aufnehmen. Denn komplexere Zuckerverbindungen muss der Körper erst zerlegen, um an die benötigte Energie in Form von Glukose zu kommen. Sie werden langsamer ins Blut übernommen, das sie dann in die Körperzellen transportiert. Je „einfacher gebaut" ein Kohlenhydrat ist, desto schneller geht es ins Blut über und wirkt somit ungünstig auf unseren Blutzuckerspiegel.

Komplexere Kohlenhydrate dagegen muss unser Körper aktiv zerlegen. Erst dann kann er die Glukose (als Energielieferant) auch verwerten. Dieser verlangsamte Vorgang ist die natürliche und gesunde Form der Zuckerverwertung. Denn so nehmen wir die Energie auf, die wir brauchen, in dem Tempo, in dem sie gut eingesetzt werden kann.

Glücklicherweise enthalten viele leckere Gemüsesorten diese komplexen Kohlenhydrate. Dazu bringen sie auch noch ihre „Verpackung" mit, die Ballaststoffe (s. Infokasten unten). Und sie haben eine Menge gesunder sekundärer Pflanzenstoffe und Co. im Gepäck.

Gemüse mit seinem natürlich enthaltenen Zucker sollte ein wichtiger Bestandteil deiner Mahlzeiten werden.

ISOLIERTER UND RAFFINIERTER ZUCKER

So nennt man den Zucker, der industriell aus Pflanzen herausgelöst wurde (bei uns erhältlich meist hergestellt aus Zuckerrüben oder Zuckerrohr). Isolierten Zucker verwertet unser Körper sehr schnell; er gelangt rasant ins Blut.

Beim Raffinieren wird der Zucker aus Pflanzenbestandteilen isoliert und weiterverarbeitet. Isolierte Zucker liefern schnelle und konzentrierte Energie. Sie haben keinen Mehrwert für unseren Körper.

BALLASTSTOFFE

Ballaststoffe sind komplexe Kohlenhydrate, die wir nicht verwerten können. Wertlos sind sie aber auf keinen Fall, denn sie verlangsamen die Verdauung und sorgen so dafür, dass die Nährstoffe und der Zucker in der Nahrung nur langsam ins Blut gelangen. So bleibt unser Blutzuckerspiegel konstant. In (Vollkorn-)Getreide, Hülsenfrüchten, Gemüse wie Möhren oder Rote Bete sowie Obst (Beeren) stecken Ballaststoffe.

Zuckerkonsum und seine Folgen

WAS DEIN KÖRPER MIT ZUCKER MACHT

Unser Körper benötigt für alle Stoffwechselvorgänge Energie. Der Lieferant dafür ist Glukose. Ohne diesen Einfachzucker könnten wir tatsächlich nicht überleben. Doch bloß nicht in die Falle tappen: Glukose pur ist alles andere als gut für uns! Unser Körper ist darauf ausgelegt, dass er sich die Glukose erarbeiten muss. Das langsame Verdauen und Aufspalten und damit eine stückweise Aufnahme von Energie sind gesund und notwendig!

Blutzuckeranstieg

Wer (zu) viel leicht verfügbare Glukose (in Form von Einfach- und Zweifachzuckern) zu sich nimmt, hat es unweigerlich mit einem rasant und zu stark ansteigenden Blutzuckerspiegel zu tun. Am heftigsten ist der Effekt, wenn du Traubenzucker isst. Denn der geht sofort ins Blut.

Deine Bauchspeicheldrüse schüttet als Reaktion auf den hohen Blutzuckerspiegel große Mengen Insulin aus, um das Gleichgewicht wiederherzustellen. Danach fällt die Blutzuckerkurve jedoch wieder ab, meistens auf ein niedrigeres Niveau als zuvor. So entsteht Heißhunger. Dieser Kreislauf wiederholt sich, wenn du nicht auf deine Ernährung achtest. Diese ständigen Blutzuckerachterbahnen und Ausschüttungen von Insulin können zu gravierenden körperlichen Veränderungen führen und dich sehr krank machen.

Nährstoffzufuhr

Zucker wird auch als Nährstoffräuber bezeichnet. Denn er selbst liefert keine Mineralstoffe, Vitamine oder Spurenelemente. Es sind „leere Kalorien“, die du konsumierst. Dein Körper muss daher für die Zuckerverarbeitung mehr Nährstoffe aus dem Speicher aufwenden, als der Zucker deinem Körper liefert. Das führt auf Dauer zu einem Nährstoffmangel.

GLYKÄMISCHER INDEX (GI)

Diese Zahl gibt einen Hinweis darauf, wie stark der Blutzucker nach Nahrungsaufnahme von bestimmten kohlenhydrathaltigen Lebensmitteln ansteigt. Als Vergleichswert dient dabei Glukose, die direkt ins Blut gelangt (GI = 100). Je niedriger der GI eines Lebensmittels, desto langsamer werden dessen Kohlenhydrate verstoffwechselt.

Säuren-Basen-Haushalt

Der menschliche Körper braucht einen ausbalancierten Säuren-Basen-Haushalt, damit er gesund bleibt. Schon kleine Mengen Zucker beeinflussen diesen Säuren-Basen-Haushalt negativ. Zu viel Zucker führt zu einer Übersäuerung, die auf Dauer nicht ausgeglichen werden kann.

Verarbeitung in der Leber

Unter einem zu hohen Zuckerkonsum leidet deine Leber sehr. Sie wird so stark überlastet, dass sich langfristig eine Fettleber oder viszerales Fett (das am Bauch sitzt und Erkrankungen begünstigen kann) ausbilden können. Auch auf die Blutfettwerte wirkt zu viel Zuckerkonsum negativ. Die Fettleber ist eine chronische Lebererkrankung und Vorbote des metabolischen Syndroms. Das setzt sich aus vier Symptomen zusammen:

- Bluthochdruck
- Übergewicht
- Fettstoffwechselstörungen
- Insulinresistenz

Davon können z.B. Diabetes, Herzinfarkt, Schlaganfall oder Nierenprobleme die Folge sein.

Darmflora

Im Darm dient Zucker als Nährstoff für bestimmte, meist unerwünschte und gesundheitsschädliche Mikroorganismen. Ein hoher Zuckergehalt in deiner Nahrung sorgt dafür, dass sich diese Bakterien weiter ausbreiten können. Das Gleichgewicht der Darmflora gerät durcheinander, da bei einer einseitigen Ernährung nur bestimmte Komponenten in der Flora gedeihen und andere verkümmern. Für ein widerstandsfähiges Immunsystem brauchst du jedoch einen gesunden Darm.

WIE VIEL IST ZU VIEL?

Die Weltgesundheitsorganisation WHO empfiehlt maximal 25 g Zucker pro Tag (ca. 6 TL). Das ist nicht viel. Zur Einordnung: Allein 1 Glas Cola (250 ml) hat 27 g Zucker und 1 EL Ketchup enthält 1 TL Zucker.

FOLGEN VON ZU VIEL ZUCKER

Vielleicht denkst du: „Das betrifft mich nicht, ich nehme ja nicht mal Zucker im Kaffee." Doch wie viel Zucker in verarbeiteten Lebensmitteln steckt, wird unterschätzt. Bei einer dauerhaft zuckerlastigen Ernährung können gesundheitliche Symptome und Erkrankungen die Folge sein:

- **Gewichtszunahme** bis hin zur Krankheit Adipositas, da unser Körper bei Zuckerüberschuss kein Fett mehr abbaut, weil er die Energie für „magere" Zeiten speichert
- **Typ-2-Diabetes,** weil der Körper den Blutzuckerspiegel nicht mehr regulieren kann.
- **Karies:** Bakterien im Mund ernähren sich von Zucker und produzieren Säuren, die den Zahnschmelz angreifen und Karies verursachen können.
- **Herz-Kreislauf-Erkrankungen:** Ein hoher Zuckerkonsum fördert Entzündungen (erhöhte Triglyzeridwerte) und kann zu Bluthochdruck führen.
- **Lebererkrankungen:** Sammeln sich Fette (durch überschüssigen Zucker) in der Leber an, kann das zu Leberentzündungen und langfristig zu Lebererkrankungen wie Leberzirrhose führen.
- **Stoffwechselstörungen:** Insulinresistenz und Fettstoffwechselstörungen
- **Suchtverhalten und Abhängigkeit:** Durch seine Effekte in unserem Hormonhaushalt (Zucker steigert die Ausschüttung von Dopamin) kann Zucker zu einem unkontrollierten und wiederholten Verlangen nach Süßem führen.

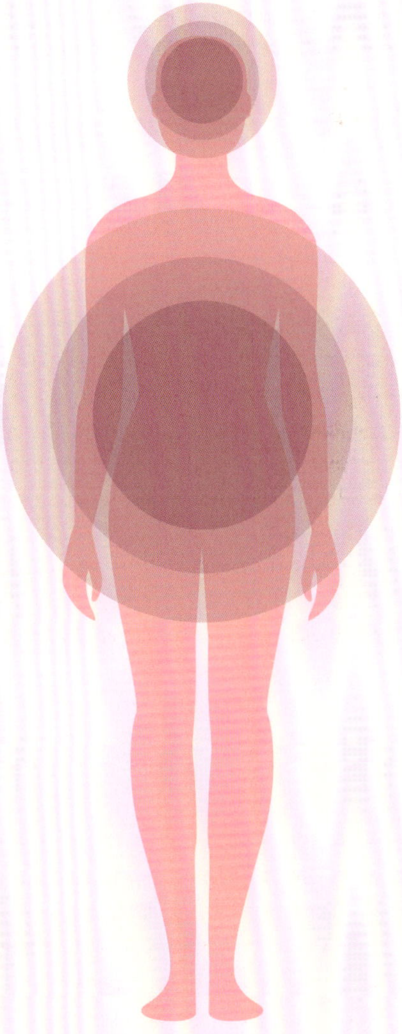

Versteckter Zucker

Zucker hat viele Namen. Seine Zugabe ist beim Einkauf leider nicht immer auf den ersten Blick erkenntlich.

SYNONYME FÜR ZUCKER

Ich habe dir auf der rechten Seite die wichtigsten und häufigsten Synonyme alphabetisch aufgelistet. Achte bei deinem nächsten Besuch im Supermarkt per Blick auf die Zutatenliste darauf, worin sich Zucker überall verstecken kann. Außerdem gebe ich dir später noch Tipps, wie du zuckerfrei(er) einkaufen kannst (ab S. 20).

ZUCKERBOMBEN

Alle Dicksäfte, Fruchtsaftkonzentrate und Sirupe sind wahre Zuckerbomben! Generell solltest du solche Getränke maximal einmal am Tag zu dir nehmen; am besten auch Säfte verdünnen. Bedenke immer: Die maximal empfohlene Tagesdosis Zucker ist schnell erreicht!

ACHTUNG: ZUCKERFALLEN!

Jeder weiß, dass in Schokolade, Kuchen, Weingummi und Co. Zucker enthalten ist. Doch wie sieht's mit folgenden Lebensmitteln aus – hättest du gedacht, dass das wahre Zuckerbomben sind?

Ketchup, Grillsaucen und Co.

Sieht doch gesund aus! Vorne auf der Ketchupflasche sind saftige rote Tomaten abgebildet. Tomaten als Gemüse sind ja gesund. Also kann Ketchup nicht so schlecht sein? Leider falsch – Ketchup als Fertigprodukt enthält meist leider Unmengen an Zucker! Eine 220-ml-Flasche kommt auf ca. 50 g Zucker. Genauso steht es mit Grillsaucen, Senf und vor allem auch Salatdressings. Achte beim nächsten Einkauf darauf und bereite dir diese Produkte lieber selbst zu (mein Ketchup-Rezept findest du z. B. auf Seite 32).

Babygläschen

Puh – als ich das erste Mal bewusst auf die Zutatenliste der Babynahrung geschaut habe, bin ich fast vom Hocker gefallen! Gerade bei den Kleinsten vermuten wir doch gesunde Zutaten, keinen Zucker etc. Halleluja, welch ein Fehlschluss. Ein 200-g-Glas, besonders mit Süßspeise, kann locker auf 12 g Zucker kommen! Achte hier besonders genau auf die Zutatenliste. Die Babynahrung selbst zuzubereiten, ist auch hier die Devise, denn Karies bei den ersten Zähnchen will niemand. Und die Kleinen sollen sich gar nicht erst an diese süße Ernährung gewöhnen.

Fruchtjoghurt

Ein 150-g-Becher Erdbeerjoghurt enthält stolze 20 g Zucker! Ein Wahnsinn, oder? Übrigens ist Erdbeerjoghurt der beliebteste in Deutschland. Mein Tipp: reine Erdbeeren pürieren und in Naturjoghurt rühren – schmeckt nicht nur besser, sondern ist auch gesünder!

Agavendicksaft

Ahornsirup

Bonbonsirup

Corn Syrup

Dattelsirup

Dextrose

Dicksaft

Fruchtkonzentrate

Fruchtzucker

Fruktose

Fruktose-Glukose-Sirup

Gerstenmalz

Gerstenmalzextrakt

Gerstenmalzmehl

Glukose

Glukosesirup

Honig

Invertzucker

Isomeratzucker

Milchpulver

Joghurtpulver

Karamell

Karamellsirup

Kokosblütenzucker

Laktose (Milchzucker)

Magermilchpulver

Maissirup

Maiszucker

Maltose (Malzzucker)

Molkenpulver

Raffinadezucker

Raffinose

Reissirup

Rohrzucker

Rohrohrzucker

Rübenzucker

Saccharose

Stärkesirup

Traubenzucker

Vollmilchpulver

Vollrohrzucker

Zuckerrübensirup

Finde deine Zuckeralternativen

„Vanessa, was ist eigentlich die beste Zuckeralternative?" – diese Frage aus meiner Community poppt fast täglich in meinem Postfach auf.

Leider kann ich dazu nicht pauschal antworten, denn die eine beste Alternative gibt es gar nicht! Verschiedene Faktoren spielen eine Rolle – z. B., ob es Intoleranzen oder Allergien bei dir gibt. Hier möchte ich dir zeigen, wie du herausfinden kannst, welche Süße am besten zu dir passt.

ZUCKERAUSTAUSCHSTOFFE

Da es mittlerweile viele verschiedene Ersatzprodukte (Spoiler-Alert: Manche ersetzen gar nichts!) gibt, schauen wir uns einige davon jetzt mal genauer an. Übrigens gleichen Zuckeraustauschstoffe unserem Haushaltszucker, haben aber eine geringere Süßkraft. Süßstoffe dagegen sind (fast) kalorienfrei, im Geschmack jedoch meist deutlich süßer als Zucker.

Stevia

wird aus den Blättern der Steviapflanze (Süßkraut) bei einem industriellen Prozess isoliert. Es hat eine hohe Süßkraft, ist kalorienfrei. Für eine gute Konsistenz benötigt man jedoch kohlenhydrathaltige Trägerstoffe. Gängig sind Maltodextrin oder Dextrose – die verwendeten Mengen sprechen auch für Diabetes-Betroffene nicht gegen einen maßvollen Konsum. Darüber hinaus gibt es jedoch eine maximale Tagesdosis (WHO-Empfehlung). Grund hierfür sind Hinweise auf ein mögliches Krebsrisiko durch einige Inhaltsstoffe von Stevia. Die Empfehlung liegt bei 4 mg pro Körpergewicht täglich (bei 60 kg also 240 mg reines Stevia).

Erythrit

ist ein Zuckeralkohol und zählt zu den Zuckeraustauschstoffen. Dieser kommt in der Natur in geringen Mengen in einigen Obstsorten (Weintrauben, Melonen, Birnen), Pilzen und fermentierten Lebensmitteln (Bier, Reiswein und Sojasauce) vor. Biotechnologisch hergestellt wird Erythrit heute aus Kohlenhydraten mithilfe von Fermentation und dem Einsatz von Pilzen.

Das Produkt Erythrit sieht genauso aus wie Zucker und ist kalorienfrei. Seine Süßkraft entspricht zu ca. 70 % der von Zucker, für 100 g Zucker kann man bis zu 125 g Erythrit verwenden (ich rate davon ab, im Verhältnis mehr zu verwenden!). Wird Erythrit zu hoch dosiert, kann das Gebäck bitter und kühl schmecken.

Erythrit wird so gut wie gar nicht in unserem Körper verstoffwechselt. Es hat keinerlei Einfluss auf unseren Blutzuckerspiegel und ist daher hervorragend für Diabetiker*innen geeignet (GI = 0)! Außerdem bietet es Kariesbakterien keine Nahrung.

Xylit

wird aus dem Holzzucker von Buchen und Birken oder aus Maiskolben gewonnen. Daher kennt man Xylit meist als „Birkenzucker". Auch Xylit sieht aus wie Zucker, jedoch kommen dabei 240 kcal auf 100 g. Xylit eignet sich sehr gut zum Backen: ein 1:1-Ersatz für Haushaltszucker.

Xylit hat einen geringen Einfluss auf den Blutzuckerspiegel (GI = 7) und kann zur Kariesprävention beitragen, da Xylit die Säurebildung in der Plaque reduziert. Bei einer Fruktoseintoleranz, die mit einer Störung des Glykogenstoffwechsels einhergeht, sollte man jedoch auf Xylit verzichten. Dies gilt auch bei Fruktose-Malabsorptionsstörung.

ACHTUNG! Xylit ist für Hunde, Kaninchen, Rinder und Ziegen giftig und tödlich! Erythrit dagegen ist nicht schädlich für Tiere.

Erythrit-Stevia-Mischung – mein persönlicher Favorit!
Diese Mischung ist aus meiner Küche nicht mehr wegzudenken! Eine Kombi der besten Eigenschaften von Erythrit und Stevia. Das Produkt ist kalorienfrei, hat die gleiche Süßkraft wie raffinierter Zucker, ist für Diabetiker*innen geeignet (GI = 0) und ist kohlenhydratfrei. Außerdem ist die Mischung zahnfreundlich und gut verträglich. Ein bitterer oder kühler Nachgeschmack bleibt bei Erythrit-Stevia aus.

NATÜRLICHE ALTERNATIVEN

Bei den folgenden drei Süßungsmitteln wird gerne auch mit ihren natürlich enthaltenen Mineralstoffen, Vitaminen, Ballaststoffen geworben. Doch wer davon wirklich profitieren wollte, müsste kiloweise davon essen – manche Slogans sind nur heiße Luft! Informiere dich stets gut darüber, was in deinen Lebensmitteln enthalten ist.

Honig
ist der Klassiker unter den alternativen Süßmachern. Er ist ein weitgehend naturbelassenes Produkt, das von Honigbienen hergestellt wird. Jedoch besteht Honig hauptsächlich aus Fruchtzucker, Traubenzucker und Wasser. Auf 100 g hat Honig ca. 80 g Zucker. Ist also leider keine wirkliche Alternative zu raffiniertem Zucker. Ich persönlich nutze Honig ab und zu in der Weihnachtszeit, da er bei manchen Rezepten einfach einen einzigartigen Geschmack bietet.

Babys im ersten Lebensjahr dürfen wegen möglicher Botulismen (Darmbakterien) keinen Honig essen.

Kokosblütenzucker
Er wird aus dem Nektar der Kokospalme gewonnen. Der Karamellgeschmack hebt ihn vom raffinierten Zucker ab – aber da endet der Unterschied schon. Auf 100 g enthält er ca. 95 g Zucker.

Agavendicksaft
Er wird aus dem Saft der Agavenpflanze gewonnen. Er hat eine hohe Süßkraft und etwas weniger Kalorien als raffinierter Zucker. Er besitzt jedoch einen sehr hohen Anteil an Fruktose, enthält auf 100 g ca. 75 g Zucker und ist somit auch keine zuckerfreie Alternative.

MEINE LIEBLINGSALTERNATIVEN

Alternativen, die ich selbst gern ab und zu nutze – vor allem, wenn ich für meinen Kleinen mitbacke:

Apfelmark oder zerquetschte Banane
Beide sind sehr gut zum natürlichen Süßen geeignet. Beachte jedoch, dass Rezepte mit raffiniertem Zucker nicht einfach mit der gleichen Menge Apfelmark oder Banane funktionieren! Allerdings lassen sich hervorragend Waffeln, Pancakes, Bananenbrot und Co. damit zaubern.

ACHTUNG

Achte beim Einkaufen bitte darauf, dass du Apfelmark in den Korb legst und nicht das häufig gesüßte Apfelmus! Der kritische Blick auf die Zutatenliste sollte dir besonders am Anfang deines Weges zur zuckerfreien Ernährung zum Automatismus werden.

Trockenfrüchte
Datteln, Aprikosen, Feigen, Kirschen, Rosinen sind für mich eine tolle Alternative bei Energy Balls, als Snack zwischendurch oder auch für das ein oder andere Gebäck. Datteln eignen sich hervorragend, um Hefeteige (Briochezopf, S. 60) ohne raffinierten Zucker herzustellen. Wenn du allerdings gleichzeitig auf eine kohlenhydratarme Ernährung Wert legst (low carb), sind Datteln nichts für dich.

Zuckerfrei, zuckerarm & Co. – was ist was?

Wir kennen es doch alle! Wir stehen im Supermarkt, schlendern durch die Gänge auf der Suche nach neuen, gesünderen und trotzdem leckeren Produkten. Der Blick bleibt an einer Packung Müsli hängen, auf der ganz dick **„weniger süß“** steht.

Im ersten Moment denken wir uns wahrscheinlich: „Oh, cool! Endlich ein Müsli mit weniger Zucker, das kann nur gesünder als die anderen sein!“

So oder so ähnlich ging es sicherlich auch dir schon einmal. Ich erinnere mich noch gut an meine ersten Einkäufe, bei denen ich „zuckerfrei“ bleiben wollte. Seien wir mal ehrlich, bei den zahlreichen unterschiedlichen Begrifflichkeiten, die es mittlerweile gibt, blickt doch kein Mensch mehr durch. Damit du das nächste Mal besser vorbereitet bist, schauen wir uns jetzt an, was sich hinter diesen schlagkräftigen Benennungen wirklich verbirgt.

In der Health-Claims-Verordnung der EU (also per Gesetz für alle Lebensmittelfirmen bindend) finden sich folgende Definitionen:

ZUCKERFREI

Ein Produkt darf sich zuckerfrei nennen, wenn nicht mehr als 0,5 g Zucker pro 100 g (oder ml) enthalten sind.

OHNE ZUCKERZUSATZ

Die Aufschrift „ohne Zuckerzusatz“ darf ein Produkt haben, wenn kein zusätzlicher Zucker hinzugefügt wurde. Es darf weder raffinierter Zucker, Milchzucker oder Fruchtzucker zugefügt werden. Allerdings gibt es Produkte, die von Natur aus sehr viel Fruchtzucker enthalten – Säfte, Smoothies etc.

ZUCKERREDUZIERT

In zuckerreduzierten Produkten muss laut Gesetzgeber 30 % weniger Zucker enthalten sein als in vergleichbaren Produkten.

ZUCKERARM

Ein Produkt darf sich zuckerarm nennen, wenn nicht mehr als 5 g Zucker pro 100 g enthalten sind, bei Flüssigkeiten liegt das erlaubte Limit bei 2,5 g Zucker pro 100 ml.

Dazu kommen noch folgende Zusätze, die sich häufiger auf Fertigprodukten finden:

WENIGER SÜSS

Diese Aussage ist nur eine reine Geschmacksbeschreibung und sagt absolut gar nichts darüber aus, wie viel Zucker in einem Produkt steckt. Im ersten Moment klingt es aber so, als würde man sich definitiv etwas Gutes mit dem Produkt kaufen.

Bei der Produktion kann einfach der raffinierte Zucker durch Trauben- oder Milchzucker ersetzt worden sein. Diese haben zwar eine geringere Süßkraft und sind weniger süß, aber von weniger Zucker und gesünder sind wir weit entfernt.

MIT FRUCHTZUCKER GESÜSST

Viele Lebensmittel werden heute mit Fruktosesirup gesüßt, wodurch sie aber leider nicht gesünder sind. Fruchtzucker hat zwar eine hohe Süßkraft und wird daher in kleineren Mengen verwendet, jedoch kann er gerade bei Kindern zu Bauchschmerzen führen. Außerdem hemmt er den Fettabbau und begünstigt so eine Fettleber.

Dein Weg weg vom Zucker

DEFINIERE DEINE MOTIVATION

Du hast aus dem ein oder anderen Grund erkannt, dass dein Zuckerkonsum zu hoch ist. Die Auswirkungen haben dich zu der Entscheidung geführt, dich vom Zucker abzuwenden – das ist schon der wichtigste Schritt, feiere ihn! Doch wir kennen es alle, nach anfänglichem Schwung kann es auch schnell an der Motivation hapern. Deshalb ist es wichtig, deine Entscheidung abzusichern. Schreibe dir ganz konkret die Antworten auf die folgenden Fragen auf:

WARUM möchtest du weg vom Zucker?
WARUM möchtest du deinen Zuckerkonsum reduzieren?
WARUM möchtest du komplett auf raffinierten Zucker verzichten?
WARUM …?

Wenn du das für dich persönlich rausgefunden hast, schreib dir deine Antworten auf einen schönen Zettel und leg ihn gut weg – aber nicht zu gut! Solltest du einmal zweifeln, rückfällig werden oder einfach einen Rückschlag haben, musst du den Zettel zügig hervorholen können, um dir dein Warum wieder vor Augen zu führen. Den Zettel kannst du z. B. ins Portemonnaie stecken, in einem Bilderrahmen aufstellen oder an einen besonderen Ort legen. Oder du machst ein Foto davon, damit deine Ziele dich – zumindest in der Anfangszeit – als visuelle Smartphone-Erinnerung auf deinem Weg begleiten …

DEFINIERE DEIN „ZUCKERFREI“

Im zweiten Schritt solltest du überlegen, was zuckerfreie Ernährung in deinem Fall bedeutet. Möchtest du „nur“ auf raffinierten Zucker, also Haushaltszucker verzichten? Möchtest du sowohl auf raffinierten Zucker als auch auf Fruchtzucker verzichten? Du allein definierst dein zuckerfreies Leben. Häufig kommt es auch auf den individuellen gesundheitlichen Hintergrund an, wie streng du bist.

NIMM DIR ZEIT, UM DEINEN WEG ZU FINDEN

Es dauert in der Regel ca. zwei Monate, sich den Zuckerkonsum abzugewöhnen. Wenn du also erfolgreich und dauerhaft auf Zucker verzichten möchtest, dann solltest du dir für die Entwöhnungsphase auch mindestens acht Wochen Zeit nehmen. Setz dich nicht unter Druck, sondern geh ganz gelassen an dein Projekt heran. Rückfälle oder Frust gehören dazu, sei nachsichtig mit dir!

Du hast zwei Möglichkeiten, dich von deinem aktuellen Zuckerkonsum abzuwenden. Ich liste dir hier die Vor- und Nachteile auf.

Methode 1 – kompletter Verzicht

Eine Variante ist der „kalte Entzug“: Um den Körper einmal komplett zu entgiften, empfehlen viele Ernährungsprofis, in den ersten Wochen überhaupt keinen Zucker zu sich zu nehmen. Weder raffinierten Zucker noch natürliche Alternativen wie Obst, Fruchtsäfte, Honig, Stevia und andere Süßungsmittel. Einhergehend müsstest du deine Ernährung auf low carb oder sogar ketogen umstellen.

Methode 2 – schonende Variante
Wenn du deinen Körper nicht ganz so radikal mit Veränderung überfallen möchtest, nutz die ersten Wochen dazu, langsam, aber sicher den täglichen Zuckerkonsum zu reduzieren. Verbanne nach und nach die Lebensmittel aus deinen Schränken und Vorräten, auf die du zukünftig verzichten möchtest, und setz dich aktiv mit Alternativen auseinander. Achte bewusst auf deine Ernährung und auf das, was du zu dir nimmst.

» Nimm dir etwas Zeit und definiere deine Motivation! «

GEH INFORMIERT EINKAUFEN

Ganz egal, wie du deinen Zuckerverzicht angehst: Das A und O ist ein bewussterer, informierter Lebensmittelkauf! Mehr dazu erfährst du auf den folgenden Seiten.

SUCH DIR EINEN ZUCKERFREI-BUDDY

Der Mensch ist ein Gewohnheitstier und gewöhnt sich erst langsam an neue Umstände. Vielleicht fällt dir die Umstellung leichter, wenn du dich mit Gleichgesinnten zusammentust und ihr die Aufgabe gemeinsam meistert – such dir einen Zuckerfrei-Buddy. Oder eine Online-Community, in der du dich gut aufgehoben fühlst. Auch zusammen zu kochen und neue Rezepte auszuprobieren, macht gemeinsam mehr Spaß.

NÄHRWERTANGABEN BEI MEINEN REZEPTEN:

kcal = Energie inkl. Energie aus Ballaststoffen

EW = Eiweiß (Protein)

F = Fett

KH = resorbierbare Kohlenhydrate

BST = Ballaststoffe

Das Abenteuer Supermarkt

Gerade beim Einkaufen läuft man immer Gefahr, auf Zuckerfallen und Marketingmaschen reinzufallen. Denn es gibt unglaublich viele versteckte Zucker! Natürlich kann man sich diese gerade am Anfang nicht alle merken.

Zu Beginn meiner eigenen Ernährungsumstellung fühlte ich mich häufig überfordert – sei also beruhigt, wenn es dir mal genauso geht. Hier gebe ich dir Tipps an die Hand, die mir bis heute helfen, im Zuckerdschungel und Abenteuer Supermarkt einen kühlen Kopf zu bewahren.

1. NIMM DIR ZEIT

Vor allem ganz am Anfang, wenn du noch sehr neu beim Thema zuckerfrei bist, benötigst du einfach etwas mehr Zeit im Supermarkt. Setz dich intensiv mit den Produktinfos auseinander. Diese Zeit solltest du dir die ersten Male auf jeden Fall nehmen, um dir einen Überblick zu verschaffen. Langsam wirst du ein Gefühl dafür bekommen, welche Produkte tatsächlich (und nicht nur laut Werbeslogan) in dein Ernährungskonzept passen. Aber keine Sorge – bald kannst du genauso flott und easy einkaufen wie jetzt auch! Die Routine kommt, versprochen.

2. ZUTATENLISTEN RICHTIG VERSTEHEN

Hast du dir schon mal die Zutatenlisten der Lebensmittel bzw. Produkte, die du tagtäglich nutzt und einkaufst, genauer angesehen? Falls nicht, solltest du dies in der Anfangszeit auf jeden Fall machen. Es ist wichtig, dass du verstehst, wie diese Informationen gemeint sind und welche Stolperfallen dort lauern können. Lass uns gemeinsam einen Blick auf solch eine Zutatenliste werfen.

BEISPIEL:
ZUTATENLISTE FÜR EINE KNUSPRIGE MÜSLIMISCHUNG

Zutaten: Vollkorn-HAFERflocken (54 %), Zucker, Palmöl, WEIZENmehl, Vollkorn-WEIZENflocken (5 %), Glukose-Fruktose-Sirup, gehackte HASELNUSSKERNE, Kakaomasse, Kakaobutter, fettarmes Kakaopulver, Vollkorn-HAFERmehl (1 %), Karamellsirup, Invertzuckersirup, GERSTEnmalzextrakt, Speisesalz, Emulgator Lezithin, natürliches Aroma (enthält MILCH).

Generell gilt, dass die Komponenten, die anteilig am meisten in einem Produkt enthalten ist, vorn stehen müssen. Auch das ist EU-weit in einer Verordnung geregelt (ganz korrekt heißt es da „absteigend nach ihrem Gewichtsanteil zum Zeitpunkt der Herstellung"). Im Beispiel sind das Vollkorn-Haferflocken. Den geringsten Anteil in dieser Zusammensetzung hat das natürliche Aroma.

Achte nun auch hier auf die Zucker! Ganz offensichtlich steht ja schon an zweiter Stelle Zucker, er ist also die gewichtsmäßig zweitgrößte Komponente. Aber nicht nur das, hier sind auch noch einige verstecke Zucker enthalten. Hast du sie entdeckt?

- Glukose-Fruktose-Sirup
- Karamellsirup
- Invertzuckersirup
- Gerstenmalzextrakt

3. NÄHRWERTTABELLEN CHECKEN

Neben der Zutatenliste solltest du auch einen Blick auf die Nährwerttabelle werfen. Sie ist in der EU eine Pflichtangabe auf vorverpackten Lebensmitteln. Der seit 2020 angewendete Nutri-Score (die „Nährwertampel“) soll eine visuelle Hilfe sein. Ich halte mich aber lieber an die genaueren Details.

Als Erstes schauen wir uns die Zeilen „Kohlenhydrate“ und „davon Zucker“ an. **Unter „davon Zucker“ werden alle Einfach- und Zweifachzucker angegeben.**

BEISPIEL-NÄHRWERTTABELLE:

Durchschnittliche Nährwerte:	unzubereitet pro 100 g
Energie:	1.866 kJ/444 kcal
Fett:	16 g
Fett, davon gesättigte Fettsäuren:	5,5 g
Kohlenhydrate:	64 g
Kohlenhydrate, **davon Zucker:**	22 g

Der versteckte Zucker, der in der Zutatenliste der Müslimischung aufgetaucht ist, fällt genau in diese Kategorie **„davon Zucker“.** Denn der Zuckeranteil von 22 g pro 100 g setzt sich neben dem „offen“ angegebenen Zucker auch aus dem versteckten Zucker zusammen. Jetzt muss ich noch mal kurz die Empfehlung der WHO nennen: maximal 25 g Zucker täglich. Eine kleine Portion Müsli wären ca. 30 g. Von der Tagesdosis hättest du dementsprechend schon 6,6 g Zucker (also knapp ein Viertel) zu dir genommen. Mach dir diese Zusammenhänge besonders am Anfang immer wieder bewusst!

Der Anteil „davon Zucker" umfasst übrigens immer auch den natürlichen Milchzucker im Joghurt oder in anderen Milchprodukten. Nicht aber Maltodextrin, denn das ist kein Einfach- oder Zweifachzucker. (Mehr Infos zu diesem „versteckten“ Kohlenhydrat findest du rechts unten).

Lass dich nicht in die Irre führen

Ich habe mir bei neuen, mir unbekannten Produkten angewöhnt, **immer zuerst auf die Zutatenliste zu schauen** und mich nicht von schmissigen Slogans, schicken Bildern oder Produktversprechungen in die Irre führen zu lassen. Es ist zwar viel geregelt in der EU-Produktwelt, doch die Lebensmittelkonzerne sind auch sehr kreativ und finden immer neue Ansätze.

Dieser kurze „Zucker-Check" lohnt sich immer, vor allem aber auch bei „Light-Produkten“. **Denn Produkte, die weniger Fett haben, werden leider oft mit einem hohen Zuckeranteil hergestellt.** Schließlich ist Fett ein Geschmacksträger, und wenn dieser fehlt, muss Ersatz her. Das ist Zucker, damit das Produkt trotzdem schmeckt und wir Lust auf mehr bekommen.

Nach diesem Prinzip habe ich mir in meiner Anfangszeit erst einmal ein kleines Standard- und Basissortiment an Produkten angelegt, die ich immer vorrätig habe oder ohne langes Nachdenken oder Gegenchecken kaufen kann. Das kann man sogar online machen.

Zum besseren Verständnis

Auch wenn in der Zutatenliste kein versteckter oder zusätzlicher Zucker aufgeführt wird, kann in den Nährwertangaben natürlich die Kategorie Zucker auftauchen. Das erkläre ich anhand eines Beispiels.

BEISPIEL: NÄHRWERTTABELLE FÜR GETROCKNETE DATTELN, ENTSTEINT

Durchschnittliche Nährwerte:	unzubereitet pro 100 g
Energie:	1.253 kJ/296 kcal
Fett:	0,5 g
Fett, davon gesättigte Fettsäuren:	0,1 g
Kohlenhydrate:	66 g
Kohlenhydrate, **davon Zucker:**	65 g

Die für uns interessante Kategorie ist wieder **„davon Zucker“.** Wie erwähnt, werden dort alle Einfach- und Zweifachzucker aufgelistet. Und der in Datteln enthaltene Fruchtzucker ist ein Einfachzucker. Auch natürlicher Milchzucker im Joghurt oder anderen Milchprodukten würde hier auftauchen.

Es gibt außerdem komplexere Kohlenhydrate. Dazu gehört z. B. **Maltodextrin** – das wird aus Stärke gewonnen, die in ihrer Strukturkette verkürzt wird. Maltodextrin ist jedoch immer noch komplexer als Zweifachzucker. Es schmeckt kaum süß, zerfällt schon im Mund durch enzymatische Spaltung in seine Zuckerbausteine (Malz- und Traubenzucker). Maltodextrin gelangt jedoch im Dünndarm schnell in die Verdauung (und damit in den Blutzuckerspiegel), wodurch es für die Sporternährung interessant wird. Auch in Säuglingsmilch ist das Kohlenhydrat enthalten. So werben viele Produkte mit dem Zusatz „zuckerfrei". **Daher immer Augen auf im Supermarkt!**

4. DEINE VORRÄTE UND DIE EINKAUFSLISTE

Eine bewusste Ernährung braucht anfangs ein bisschen mehr Zeit. Es ist einfach sinnvoll, sich mit der Essensplanung im Voraus zu beschäftigen. Deshalb bin ich ein Fan von Mealprep, was du auch bei meinen Rezepten erkennen kannst. Keine Sorge: **Wenn du deine Zeit geschickt einsetzt, kannst du sogar noch welche einsparen** – das ist doch eine gute Motivation, oder?

Vor dem Einkaufen wirf immer einen Blick in den Kühlschrank und deine Speisekammer – was ist noch vorhanden, was muss verbraucht werden, welche Produkte bieten sich für die nächste Mealprep-Runde an? **Wer mehr frische Lebensmittel verarbeitet, ernährt sich gesünder.** Doch Convenience-Food ist eben eines: bequem. Immer bereit zur Zubereitung, hält sich ewig. Tausche diese kurzfristigen Vorteile bewusst gegen eine sehr viel gesündere Ernährung mit ihren nachhaltigen Vorzügen für deinen Körper ein!

Und dann schreibe dir eine **Einkaufsliste!** Denn wer weiß, was er oder sie braucht, kann zum einen viel Zeit beim Einkaufen sparen, aber auch reichlich Geld und Kalorien. Du kommst so viel weniger in Versuchung, da du gezielt in die Gänge bzw. an die Regale gehen kannst, in denen deine Lebensmittel von der Einkaufsliste stehen. Überlege mal, wie häufig du schon planlos durch die Gänge geirrt bist und dir dann doch ein Fertigprodukt ausgesucht hast, das bestimmt reichlich Zucker enthalten hat. Wetten wir?

5. NIE HUNGRIG EINKAUFEN

Auch mir passiert das heute noch ab und zu! Du hast den ganzen Tag viel zu tun gehabt, warst hier und dort unterwegs, immer busy. Vor lauter To-dos hast du es noch nicht geschafft, etwas Vernünftiges zu essen. Einkaufen musst du aber noch fix – nur ein paar Kleinigkeiten!

Nun, aus den Kleinigkeiten wird eine prall gefüllte Einkaufstüte. Mit Sachen, die du eigentlich gar nicht brauchst und eigentlich auch nicht (mehr) kaufen wolltest! Süßkram, Fast Food … Warum ist das passiert? Einfache Antwort: Weil du hungrig warst! Und das ist nicht einfach nur eine Vermutung, sondern diese Tatsache ist sogar wissenschaftlich bewiesen. Also iss vor dem Einkauf zumindest eine Kleinigkeit, damit du nie hungrig durch den Supermarkt ziehen musst.

Dein Heißhunger-SOS

MEINE 7 BASICS GEGEN HEISSHUNGER

Ein kleiner Rückschlag? Schlecht geschlafen, die Chefin hatte nur noch mehr Arbeit für dich, die Familie wollte nicht so, wie du dir das vorgestellt hast? Jetzt ein bisschen was Süßes … dieses Verlangen wird abnehmen mit der Zeit, ich verspreche es dir! Doch wenn es dich mal überfällt (und es wird nie ganz verschwinden), dann habe ich hier die besten Retter gegen ein Blutzuckertief.

1. Ausreichend und regelmäßig essen

Mehrere Mahlzeiten halten den Blutzucker konstant. Und eines muss ich klarstellen: Wenn du den ganzen Tag über nichts oder nur wenig isst, reagiert dein Körper abends mit Heißhunger. Außerdem ist er von der Evolution her so veranlagt, dass er nach einer solchen „Hungersnot“ noch mehr der aufgenommenen Kalorien einlagert. Iss dich also immer satt!

Ich nehme z. B. **drei Hauptmahlzeiten** zu mir, dazu **zwei bis drei kleinere Snacks.** Ich komme so super klar und habe damit die beste Erfahrung gemacht. Vielleicht bietet sich dieser Weg auch für dich an – probiere es einfach aus!

2. Die Balance macht's

Was heißt „ausgewogen“? Proteine sind wichtig, sättigen gut und beugen Heißhunger vor. Auch Fette dürfen sein, besonders die mehrfach ungesättigten Fettsäuren (aus Seefisch oder Leinöl). Transfette dagegen, die in Fertigprodukten verarbeitet werden, sind nicht gesund. Auch Hülsenfrüchte oder Soja sind super Kandidaten für die Proteinzufuhr. Außerdem ist viel Gemüse eine gute Idee!

3. Reichlich trinken

Hunger und Durst werden häufig verwechselt, denn die signalgebenden Bereiche im Gehirn liegen sehr eng beieinander. Das kann dazu führen, dass wir ein Hungergefühl verspüren, obwohl der Körper Flüssigkeit braucht. Beim ersten Hungergefühl **trinke zunächst ein Glas Wasser** (ca. 2,5 l täglich). Warte kurz ab, ob dein Körper wirklich etwas zu essen braucht, obwohl gerade keine der drei Hauptmahlzeiten ansteht.

4. Der beste Move: regelmäßige Bewegung

Sport baut nicht nur Stress ab und schüttet Glückshormone aus. Er lenkt dich auch von den Gedanken an Süßigkeiten ab. Wenn du regelmäßig Sport treibst (jeden zweiten Tag 20 Minuten), isst du automatisch weniger Süßes!

5. Stress vermeiden

Stresshormone verstärken das Verlangen nach Zucker, weil dieser aufgrund der im Gehirn stattfindenden Serotoninproduktion beruhigend wirkt. Ein heißes Bad, eine Massage, Yoga und Sport sorgen für Entspannung, bauen Stresshormone ab und beugen dem Heißhunger auf Süßes langfristig gesehen vor.

6. Neues Belohnungssystem

Damit du dauerhaft am Ball bleibst und so auch langfristig Heißhungerattacken vermeidest, musst du dich immer wieder neu motivieren. Feiere also Erfolge – das tut gut und motiviert! Ob mit einem Blumenstrauß, neuer Sportkleidung, einer Massage, einem Wellnesstag mit der besten Freundin … Tue deinem Körper und dir etwas Gutes. Bald nach dem Start in die neue Ernährung wirst du merken, dass das auch gar keine Süßigkeiten mehr sein müssen!

7. Guter Schlaf

Schlafmangel beeinflusst die appetitregulierenden Hormone immens und erhöht den Heißhunger auf Süßes. Deshalb solltest du immer auf ausreichend Schlaf achten.

OH NEIN, SÜSSHUNGERATTACKE!

Wenn es dann so weit ist, brauchst du einfach etwas. Wähle zunächst Lebensmittel, die Bitterstoffe enthalten, denn die lassen mit ihrem bitteren Geschmack den Appetit schnell verschwinden!

Natürliche Bitterstoffe sind beispielsweise in Kaffee, Zimt, Grapefruits und Ingwer enthalten. Du kannst sie vorbeugend in deine tägliche Ernährung integrieren oder im Akutfall anwenden, indem du beispielsweise dein Frühstücks-Porridge mit Zimt verfeinerst, Zimttee oder Espresso trinkst, dünne Scheiben Ingwer zerkaust oder eine frische Grapefruit isst. Ein kleines Stück Bitterschokolade mit 100 % Kakaoanteil, ein paar Nusskerne oder ein Powernap lassen Heißhunger ebenso schwinden.

Es gibt Bitterstoffe auch in Form von Tropfen aus Kräuterauszügen, die man jederzeit einnehmen und mitnehmen kann.

Und jetzt kommt noch mein Geheimtipp, der sich erst einmal etwas seltsam anhören mag: mit Pfefferminz-Zahnpasta die Zähne putzen. Probiere es einfach mal aus, wenn du denkst: „Ach, jetzt was Süßes.“ Die Zahnpasta verbreitet sich schnell im Mund und neutralisiert mit ihrem frischen Geschmack die Lust auf Süßes oder auch Fettiges.

Immer dabei: SOS-Tasche

Bereite dir eine kleine Tasche oder einen Beutel vor, darin: Anti-Heißhunger-Lebensmittel. Diese SOS-Tasche solltest du gerade in der Anfangszeit deiner Umstellung immer bei dir haben – sie wird dir öfter mal in extremen Situationen helfen.

Das habe ich in meiner SOS-Tasche:

- Eiweißpulver: Proteine sättigen und beugen Heißhunger vor. Dieses Pulver kann sowohl mit Wasser als auch mit Milch angerührt werden.
- Proteinriegel ohne Zuckerzusatz
- Bittertropfen
- Bitterschokolade mit 100 % Kakaogehalt
- kleine Dose oder Tüte mit Nusskernen
- zuckerfreie Snacks, z. B. Kekse, Salzgebäck oder Energy Balls (ab S. 72)

Achte darauf, die Tasche immer frisch nachzufüllen, und tausche gerne einmal die Woche oder alle zwei Wochen die Produkte durch für mehr Abwechslung. Du wirst dich durch die Tasche sicherer und immer unabhängiger vom Suchtstoff Zucker fühlen. Und darauf kannst du sehr stolz sein!

FÜR JEDEN TAG

Grund-rezepte

Mit diesen Basics bist du bestens vorbereitet für deinen neuen, zuckerfreien Alltag. Denn besonders Fertigbrühen, Fruchtmuse, Dips und Saucen sind echte Zuckerfallen. Machst du sie selbst, weißt du genau, was drin ist, und kannst ganz einfach eine Menge Zucker und sonstige unnötige Stoffe einsparen. Außerdem zeige ich dir in diesem Kapitel, wie du dir leckere Alternativen zu klassischem Marzipan, Nougat und Co. herstellen kannst.

Gemüsebrühpaste

VEGAN GLUTENFREI BLITZREZEPT MEALPREP LOW CARB

ZUTATEN für ca. 250 g

1 Möhre
1 Stück Knollensellerie (ca. 40 g)
1 kleine rote Zwiebel
¼ Stange Lauch, weißer Teil
1 kleine Pastinake
¼ Bund glatte Petersilie
Salz (pro 100 g Gemüse: 20 g Salz)

AUSSERDEM
Schraubglas à ca. 300 ml

Nährwerte pro Portion (TL = 10 g): Ca. 3 kcal, 0 g EW, 0 g F, 0,4 g KH (davon Zucker 0,3 g), 0 g BST

ZUBEREITUNG

Für die Paste das Gemüse gründlich waschen, putzen oder schälen und in kleine Stücke schneiden. Die Petersilie waschen und trocken schütteln.
Alle Gemüsesorten mit der Petersilie und dem Salz in einem Standmixer oder mit einem Stabmixer zerkleinern. Du kannst das Gemüse nach Belieben nur grob oder feiner pürieren. Ich mag es lieber etwas gröber.
Zum Aufbewahren die Gemüsebrühpaste in ein sterilisiertes Schraubglas (Tipp unten) füllen und gut verschlossen im Kühlschrank lagern. Sie hält sich dort durch die Salzmenge mehrere Monate.
Zur Verwendung die Gemüsebrühpaste bei Bedarf herausnehmen und deine Gerichte damit würzen: Pro 250 ml Flüssigkeit (also auch für z. B. 1 Portion Tomatensauce) verwende ich 1 TL Gemüsebrühe. Achte dabei auch darauf, dass sie bereits das meiste Salz für das Gericht enthält!
Ich verwende lieber die selbst gemachte Mischung, das bisschen Arbeit ist es wert, denn die gekaufte enthält immer auch Zucker und noch mehr Salz sowie andere Beigaben, auf die ich gern verzichten möchte.

STERILISIEREN – SO GEHT'S
Das Sterilisieren der Gläser musst du direkt vor der Verwendung durchführen, ansonsten werden die Gläser wieder kontaminiert. Zum Sterilisieren die Gläser mit aufgekochtem Wasser füllen, ausgießen (auch die Deckel abspülen) und bei 100 °C Ober-/Unterhitze im Backofen trocknen lassen. Anschließend sofort befüllen.

Pumpkin Spice

VEGAN GLUTENFREI BLITZREZEPT MEALPREP LOW CARB

ZUTATEN für ca. 70 g

1 ½ TL Muskatpulver
1 ½ TL Pimentpulver
3 EL Zimtpulver
2 TL Ingwerpulver
1 TL Nelkenpulver

AUSSERDEM
dunkles Schraubglas à 100 ml

ZUBEREITUNG

Alle Gewürze in einem sterilisierten (Tipp S. 28), dunklen Glas mit Deckel gut durchschütteln.
Zum Aufbewahren fest verschlossen an einem trockenen, dunklen Ort lagern. Innerhalb von wenigen Wochen verbrauchen, denn die Gewürze verlieren natürlicherweise an Aroma.

Fixe Vinaigrette

VEGAN GLUTENFREI BLITZREZEPT MEALPREP LOW CARB

ZUTATEN für ca. 500 ml

½ Bund glatte Petersilie
2 Knoblauchzehen
2 TL Salz
50 g Erythrit
20 g mittelscharfer Senf
70 ml Balsamico bianco
120 ml Olivenöl

AUSSERDEM

Schraubglas oder -flasche à 500 ml

Nährwerte pro Portion (50 g):
Ca. 117 kcal, 0,2 g EW, 12 g F, 8 g KH (davon Zucker 2 g), 0 g BST

ZUBEREITUNG

Für das Dressing die Petersilie waschen und trocken schütteln, den Knoblauch schälen und gemeinsam mit 180 ml Wasser sowie allen weiteren Zutaten in einem Standmixer oder mit einem Stabmixer gründlich pürieren.

Zum Aufbewahren das Dressing in eine sterilisierte, verschließbare Flasche oder ein Glas (Tipp S. 28) füllen. Es hält sich bis zu 2 Wochen im Kühlschrank. Vor Gebrauch immer gut schütteln, da sich das Wasser wieder absetzt.

Joghurt-Dressing

VEGGIE GLUTENFREI BLITZREZEPT MEALPREP LOW CARB

ZUTATEN für ca. 1 l

60 ml Weißweinessig
1 EL Salz
1 EL selbst gemachte Gemüsebrühpaste (S. 28)
Saft von ½ Zitrone
750 g fettarmer Joghurt (Fettgehalt 1,5 %)
30 g mittelscharfer Senf
25 ml Rapsöl
1 ½ EL Salatkräuter (getrocknet oder TK)
2 EL Birkenzucker

AUSSERDEM

2 Schraubgläser oder -flaschen à 500 ml

Nährwerte pro Portion (50 g): Ca. 37 kcal, 2 g EW, 2 g F, 4 g KH (davon Zucker 2 g), 0 g BST

ZUBEREITUNG

Für den Sud vorab etwas Essig, Salz und Gemüsebrühpaste in einem Topf einmal aufkochen lassen. Den Topf vom Herd nehmen und den Sud abkühlen lassen.
Zum Fertigstellen in einer Schüssel Zitronensaft, Joghurt, Senf, Öl, Salatkräuter und Birkenzucker verrühren. Gemeinsam mit dem Würzsud in einem Standmixer oder mit einem Stabmixer pürieren.
Zum Aufbewahren das Dressing in sterilisierte, verschließbare Flaschen oder Gläser (Tipp S. 28) füllen. Es hält sich bis zu 1 Woche im Kühlschrank.

Ketchup

VEGAN GLUTENFREI BLITZREZEPT MEALPREP LOW CARB

ZUTATEN für ca. 2 l

2 kg reife Tomaten
200 g rote Zwiebeln
50 g Knollensellerie
200 g süße Äpfel (z. B. Gala)
40 ml Aceto bianco
15 g Salz
1 TL bunter gemahlener Pfeffer

AUSSERDEM
2 Schraubflaschen à 1 l

Nährwerte pro Portion (EL = 25 g):
Ca. 8 kcal, 0,3 g EW, 0 g F, 1,2 g KH (davon Zucker 1,1 g), 0,5 g BST

ZUBEREITUNG

Für die Sauce zuerst die Tomaten waschen und vom Stielansatz befreien, das restliche Gemüse schälen und putzen. Alles in grobe Stücke schneiden. Die Äpfel waschen, vierteln, vom Kerngehäuse befreien und klein schneiden. Zum Garen zusammen mit den restlichen Zutaten bei niedriger Temperatur etwa 30 Minuten im geschlossenen Topf köcheln lassen. Zwischendurch gelegentlich durchrühren.
Zum Passieren die Sauce durch ein Sieb drücken, um die festen Bestandteile zu entfernen. Das Ketchup langsam ohne Deckel einkochen, bis die von dir gewünschte Konsistenz erreicht ist.
Zum Aufbewahren noch warm in sterilisierte, verschließbare Flaschen (Tipp S. 28) abfüllen. Es hält sich im Kühlschrank ungeöffnet mehrere Monate. Nach Anbruch innerhalb weniger Tage aufbrauchen.

Burger-Sauce

VEGGIE | GLUTENFREI | BLITZREZEPT | MEALPREP | LOW CARB

ZUTATEN für ca. 400 ml

1 kleine weiße Zwiebel
1 Knoblauchzehe
250 g griechischer fettarmer Joghurt (Fettgehalt 1,5 %)
40 g fettarme Mayonnaise (Glas)
40 g mittelscharfer Senf
30 g Ketchup (s. S. 32)
1 EL Gurkenwasser (Glas)
2–3 EL Paprikapulver
Salz

AUSSERDEM

Schraubglas à 400 ml

Nährwerte pro Portion (EL = 25 g):
Ca. 26 kcal, 1 g EW, 2 g F, 1,3 g KH (davon Zucker 1,2 g), 0 g BST

ZUBEREITUNG

Für die Sauce die Zwiebel und den Knoblauch schälen, beides klein schneiden. Eine antihaftbeschichtete Pfanne erhitzen, die Zwiebel und den Knoblauch darin kräftig anbraten. Beiseitestellen und mindestens lauwarm abkühlen lassen.

Zum Fertigstellen den Zwiebel-Knoblauch-Mix mit den restlichen Zutaten in einem hohen Mixbecher mithilfe eines Stabmixers cremig pürieren, die Sauce mit Salz würzen.

Zum Aufbewahren in ein sterilisiertes, verschließbares Glas (Tipp S. 28) füllen und im Kühlschrank bis zu 1 Woche lagern.

Die Sauce eignet sich für Burger oder Wraps, aber auch als Salatdressing oder Dip.

Pizza- & Pastasauce

VEGAN · GLUTENFREI · BLITZREZEPT · MEALPREP · LOW CARB

ZUTATEN für ca. 600 ml

1 große Zwiebel
1 Knoblauchzehe
1 EL Olivenöl
400 g stückige Tomaten (Dose)
50 g Tomatenmark
½ TL edelsüßes Paprikapulver
1 TL getrockneter Oregano
1 TL getrockneter Thymian
1 TL getrocknetes Basilikum
½ TL Salz
frisch gemahlener Pfeffer
20 ml Aceto balsamico tradizionale
2 TL Erythrit

AUSSERDEM

2 Schraubgläser à 300 ml

Nährwerte pro Portion (250 g):
Ca. 102 kcal, 2 g EW, 5 g F, 14 g KH (davon Zucker 8 g), 3 g BST

ZUBEREITUNG

Für die Sauce Zwiebel und Knoblauch schälen, beides fein hacken. In einem Topf das Öl erhitzen, Zwiebel und Knoblauch darin glasig andünsten. Stückige Tomaten, Tomatenmark, Paprikapulver und getrocknete Kräuter mit Salz, Pfeffer, Essig und Erythrit einrühren. Das Ganze bei mittlerer Temperatur 15 Minuten köcheln lassen. Anschließend abschmecken und mithilfe eines Stabmixers pürieren.

Zum Aufbewahren in sterilisierte, verschließbare Gläser (Tipp S. 28) füllen und im Kühlschrank lagern. Die Sauce hält sich dort einige Wochen, nach Anbruch innerhalb weniger Tage aufbrauchen.

Chilisauce

VEGAN · GLUTENFREI · BLITZREZEPT · MEALPREP · LOW CARB

ZUTATEN für ca. 500 ml

30 g Ingwer
3 Knoblauchzehen
3 rote Chilischoten
1 EL Pflanzenöl
3 getr. Kaffir-Limettenblätter
175 g reifes Mangofruchtfleisch
60 g braune Rohrohrzuckeralternative
2 EL Tomatenmark
25 ml Aceto balsamico tradizionale
25 ml Limettensaft
1 TL Speisestärke
Salz

AUSSERDEM

Schraubflasche à 500 ml

Nährwerte pro Portion (EL = 25 g):
Ca. 15 kcal, 0 g EW, 0,5 g F, 5 g KH (davon Zucker 2 g), 0 g BST

ZUBEREITUNG

Für die Sauce den Ingwer und den Knoblauch schälen, beides fein hacken. Die Chilischoten waschen, halbieren, von Samen und Scheidewänden befreien. Anschließend in feine Würfel schneiden.
Das Öl in einer Pfanne bei mittlerer Temperatur erhitzen. Ingwer, Knoblauch und Chiliwürfel darin mit Kaffir-Limettenblättern andünsten.
Inzwischen das Mangofruchtfleisch mit 300 ml Wasser sowie allen weiteren Zutaten bis auf das Salz in einen hohen Mixbecher füllen und mithilfe eines Stabmixers glatt pürieren. Diese Mischung mit Salz in die Pfanne rühren und alles gemeinsam 5 Minuten ohne Deckel köcheln lassen.
Die Kaffir-Limettenblätter aus der Sauce fischen und entsorgen. Die Sauce erneut mit Salz abschmecken.
Zum Aufbewahren noch warm in eine sterilisierte Flasche (Tipp S. 28) abfüllen und im Kühlschrank lagern. Die Sauce hält sich dort 2 bis 3 Wochen, nach Anbruch innerhalb weniger Tage aufbrauchen.

Hummus: Grundrezept

VEGAN GLUTENFREI BLITZREZEPT

ZUTATEN für 1 Portion

125 g Kichererbsen (Glas, Abtropfgewicht)
60 g Tahin (Sesampaste)
1 EL Olivenöl
½ TL Kreuzkümmelpulver
Salz, frisch gemahlener Pfeffer

ZUM SERVIEREN

etwas Olivenöl

Nährwerte pro Portion:
Ca. 614 kcal, 20 g EW, 42 g F, 35 g KH (davon Zucker 2 g), 9 g BST

ZUBEREITUNG

Für den Hummus die Kichererbsen in einem Sieb gründlich abbrausen, dann abtropfen lassen.
Die Kichererbsen gemeinsam mit 25 ml kaltem Wasser, Tahin, Olivenöl und Kreuzkümmelpulver in einem hohen Mixbecher mithilfe eines Stabmixers pürieren. Die Mischung kräftig mit Salz und Pfeffer würzen.
Zum Servieren in eine Schüssel füllen und mit etwas Olivenöl beträufeln.

Zitronen-Hummus

VEGAN GLUTENFREI BLITZREZEPT

ZUTATEN für 1 Portion

1 Rezeptmenge Hummus: Grundrezept (s. oben)
1 EL Bio-Zitronenabrieb
2 EL Zitronensaft

ZUM SERVIEREN

etwas Olivenöl
1 EL gehackte glatte Petersilie

Nährwerte pro Portion:
Ca. 714 kcal, 20 g EW, 52 g F, 36 g KH (davon Zucker 3 g), 9 g BST

ZUBEREITUNG

Dem Hummus-Grundrezept beim Pürieren Zitronenabrieb und -saft hinzufügen. Die Mischung kräftig mit Salz und Pfeffer würzen.
Zum Servieren in eine Schüssel füllen. Mit etwas Olivenöl beträufeln und mit gehackter Petersilie bestreuen. Wenn du magst, kannst du auch noch etwas Zitronenzeste darübergeben.

NICE TO KNOW

Deinen Hummus kannst du auch noch mit anderen Zutaten verfeinern oder variieren, z. B.:

- Fruchtfleisch von ½ Avocado und 2 EL Zitronensaft
- ½ Rote Bete, geschält, in Würfel geschnitten und 30 Minuten im Ofen (obere Schiene) geröstet
- etwa 5 getrocknete Tomaten sowie Blätter von ½ Bund Basilikum

Fetadip

VEGGIE GLUTENFREI BLITZREZEPT LOW CARB

ZUTATEN für ca. 380 g

200 g Feta
150 g griechischer fettarmer Joghurt (Fettgehalt 1,5 %)
1 Knoblauchzehe
1 EL Tomatenmark
1 TL getrockneter Oregano, plus mehr zum Garnieren
1 Prise Thymian

ZUM SERVIEREN

2–3 EL Olivenöl

Nährwerte pro Portion (EL = 25 g):
Ca. 58 kcal, 2 g EW, 5 g F, 1 g KH (davon Zucker 0,5 g), 0 g BST

ZUBEREITUNG

Für den Fetadip den Feta und den Joghurt in einen hohen Mixbecher füllen. Den Knoblauch schälen, klein schneiden und gemeinsam mit Tomatenmark sowie getrockneten Kräutern in den Mixbecher geben. Alles mithilfe eines Stabmixers cremig pürieren.
Zum Servieren den Dip in eine Schüssel füllen. Mit dem Olivenöl beträufelt sowie etwas Oregano bestreut sofort genießen.

Guacamole

VEGAN GLUTENFREI BLITZREZEPT LOW CARB

ZUTATEN für 2 Portionen

2 Avocados
2 EL Limettensaft
1 Tomate
½ rote Zwiebel
1–2 Knoblauchzehen
Salz
frisch gemahlener Pfeffer

Nährwerte pro Portion (180 g):
Ca. 178 kcal, 2 g EW, 15 g F, 8 g KH (davon Zucker 7 g), 5 g BST

ZUBEREITUNG

Für die Guacamole die Avocados halbieren, vom Kern befreien und das Fruchtfleisch in eine Schüssel löffeln. Mithilfe einer Gabel zerdrücken, sodass eine cremige Konsistenz entsteht. Den Limettensaft unterrühren.
Die Tomate waschen, halbieren, von Stielansatz sowie Kernen befreien.
Das Fruchtfleisch in feine Würfel schneiden. Die Zwiebel und den Knoblauch schälen, beides sehr klein schneiden und mit der Tomate unter die Avocadomasse rühren.
Die Guacamole mit Salz und Pfeffer würzen, alles gut vermengen und nach Bedarf erneut abschmecken.
Zum Servieren in eine Schüssel füllen. Sofort genießen – schmeckt wunderbar auf (glutenfreiem) Knäckebrot mit rohem Babyspinat!

Knoblauchdip

VEGGIE GLUTENFREI BLITZREZEPT LOW CARB

ZUTATEN für ca. 160 g

80 g fettarme Mayonnaise (Glas)
20 g Ketchup (S. 32)
1 TL mittelscharfer Senf
50 g griechischer fettarmer Joghurt (Fettgehalt 1,5 %)
je 2 Prisen Salz, Pfeffer und edelsüßes Paprikapulver
1–2 Knoblauchzehen

ZUM SERVIEREN

edelsüßes Paprikapulver
getrockneter Oregano

Nährwerte pro Portion (EL = 25 g):
Ca. 61 kcal, 1 g EW, 6 g F, 1 g KH (davon Zucker 0,8 g), 0 g BST

ZUBEREITUNG

Für den Knoblauchdip in einer Schüssel Mayonnaise, Ketchup, Senf und den griechischen Joghurt glatt rühren. Salz, Pfeffer und Paprikapulver hinzufügen. Den Knoblauch schälen (Menge nach Belieben und Größe der Zehen), dann pressen und unter den Dip rühren.
Zum Servieren mit Paprikapulver und Oregano garnieren. Sofort genießen – schmeckt toll zu knackig frischen Gemüsesticks.

Fruchtmus: Grundrezept

VEGAN GLUTENFREI BLITZREZEPT MEALPREP

ZUTATEN für ca. 550 ml

500 g Früchte nach Wahl (Rhabarber, Äpfel, Birnen, gemischte Beeren)
50–100 g Erythrit-Stevia (s. Tipp unten)
1 Spritzer Zitronensaft

AUSSERDEM

Schraubglas à 600 ml

Nährwerte pro Portion (EL = 25 g): Ca. 15 kcal, 0 g EW, 0 g F, 6 g KH (davon Zucker 3 g), 0,5 g BST

ZUBEREITUNG

Für das Fruchtmus die Früchte waschen, nach Belieben schälen, von Kerngehäusen, Steinen oder Fäden befreien und in grobe Stücke schneiden. Sämtliche Zutaten in einem Topf gut verrühren und bei mittlerer Temperatur aufkochen lassen. Dann die Temperatur verringern, die Früchte köcheln lassen, bis sie weich werden und zerfallen. Das dauert 20 bis 25 Minuten.
In einem hohen Mixbecher die leicht abgekühlte Fruchtmasse mithilfe eines Stabmixers pürieren, dann sofort in ein sterilisiertes, verschließbares Glas (Tipp S. 28) füllen.
Zum Aufbewahren im Kühlschrank lagern, so hält sich das Fruchtmus mehrere Wochen (bei Befall natürlich entsorgen).

NICE TO KNOW

Passe deine Menge des Süßungsmittels an, je nachdem, wie sauer die gewählten Früchte sind und wie süß du das Kompott möchtest! Du kannst auch größere Mengen von diesem Fruchtmus herstellen und dieses portionsweise einfrieren.

Varianten fürs Fruchtmus

Süßungsmittel + Zitronensaft laut Grundrezept

APFEL & ZIMT

500 g Äpfel, vom Kerngehäuse befreit
1 TL Zimtpulver

WÜRZIGE PFLAUMEN

500 g Pflaumen, entsteint
1 TL Zimtpulver
¼ TL Nelkenpulver
¼ TL gemahlene Vanille
3–5 Tropfen Rumaroma (nach Belieben)

BIRNE & ROSINE

500 g Birnen, vom Kerngehäuse befreit
50 g Rosinen
½–1 TL Tonkabohnenabrieb

RHABARBER & VANILLE

500 g Rhabarber, geputzt
¼ TL gemahlene Vanille

RHABARBER & ERDBEERE

300 g Rhabarber, geputzt
250 g Erd- oder Himbeeren, geputzt
½–1 TL Tonkabohnenabrieb

Marzipan

VEGAN GLUTENFREI MEALPREP LOW CARB

ZUTATEN für ca. 100 g

30 g Pudererythrit
50 g gemahlene blanchierte Mandeln
15 g helles Mandelmus
½ EL Rosenwasser
3 Tropfen Bittermandelaroma

Nährwerte pro Portion (EL = 25 g):
Ca. 106 kcal, 4 g EW, 9 g F, 9 g KH (davon Zucker 1 g), 2 g BST

ZUBEREITUNG

Alle Zutaten in einer Schüssel gut verkneten. Sollte die Masse etwas zu fest sein, noch ½ EL Wasser einarbeiten.
Zum Aufbewahren das Marzipan in eine luftdichte Frischebox füllen und im Kühlschrank lagern. So hält es sich mehrere Wochen.

NICE TO KNOW
Für Pudererythrit kannst du auch „einfaches" Erythrit im Standmixer ganz fein mahlen.

Nuss-Nougat-Creme

VEGAN GLUTENFREI MEALPREP LOW CARB

ZUTATEN für 520 g
250 g reines Haselnussmus (Reformhaus)
70 g Pudererythrit
40 g Kakaopulver
160 ml ungesüßter Mandeldrink

AUSSERDEM
Schraubglas à 520 ml

Nährwerte pro Portion (EL = 25 g):
Ca. 90 kcal, 2 g EW, 8 g F, 4 g KH (davon Zucker 1 g), 1 g BST

ZUBEREITUNG

Alle Zutaten in einem Mixer zu einer feinen Creme verarbeiten.
Zum Aufbewahren die Creme in ein sterilisiertes, verschließbares Glas füllen (Tipp S. 28) und im Kühlschrank lagern. Sie hält sich etwa 2 Wochen.

Dattel-Haselnuss-Creme

VEGAN GLUTENFREI MEALPREP

ZUTATEN für 440 g

50 g Medjool-Datteln, entsteint
200 g reines Haselnussmus (Reformhaus)
40 g Kakaopulver
150 ml ungesüßter Mandeldrink

AUSSERDEM

Schraubglas à 440 ml

Nährwerte pro Portion (EL = 25 g): Ca. 95 kcal, 2 g EW, 8 g F, 3 g KH (davon Zucker 3 g), 1,5 g BST

ZUBEREITUNG

Alle Zutaten in einem Mixer zu einer feinen Creme verarbeiten.
Zum Aufbewahren in ein sterilisiertes, verschließbares Glas füllen (Tipp S. 28) und im Kühlschrank lagern. Die Creme hält sich etwa 2 Wochen.

NICE TO KNOW

Medjool-Datteln sind eine recht große Sorte, die Früchte bleiben schön aromatisch und weich in getrockneter Form. Außerdem bieten sie einen hohen Kaliumgehalt, der wichtig für unseren ausgeglichenen Stoffwechsel und Wasserhaushalt ist.

DER PERFEKTE START

Frühstück

Keine Sorge, auch in deinem neuen, zuckerfreien Leben musst du natürlich nicht auf einen süßen Tagesstart verzichten. Es gibt vielseitige ONOs, Granola, Waffeln, Pancakes und noch vieles mehr. Wichtig ist, dass die Süße von guten Zutaten stammt, ausgewogen ist und außerdem „eingebettet“ ist in hochwertige Ballaststoffe und Eiweiße. Damit du gut gelaunt, rundum versorgt und ganz ohne Blutzuckerachterbahn durchstarten kannst!

Overnight Oats

VEGGIE MEALPREP

ZUTATEN für 1 Portion

50 g feine Haferflocken
1 EL Chiasamen
120 ml Milch oder ungesüßter Pflanzendrink
50 g fettarmer Joghurt (Fettgehalt 1,5 %)

ZUBEREITUNG

Zu diesen 4 Grundzutaten kommen je nach gewünschter Variante weitere Zutaten deiner Wahl. Du kannst dich klassisch anhand des Baukastens orientieren und dir deine Overnight Oats so zusammenstellen oder du probierst dich selbst einmal aus. Du kannst nach Bedarf auch jeweils glutenfreie Haferflocken oder vegane Produkte verwenden!

Nährwerte pro Portion:
Ca. 333 kcal, 14 g EW, 12 g F, 39 g KH (davon Zucker 8 g), 8 g BST

1. Basis: 40–60 g Haferflocken (fein oder grob), Reisflocken, Dinkelflocken

2. Samen: 1 EL Chia-, Lein- oder Flohsamenschalen

3. flüssige Komponente: 120–130 ml Milch, ungesüßter Pflanzendrink oder auch Wasser

4. Proteinquelle: 50 g fettarmer Joghurt (Fettgehalt 1,5 %), Skyr (Fettgehalt 0,2 %) oder fettarmer Quark (Fettgehalt 20 %)

5. Fruchttopping: 100–120 g Beeren, Apfel, Birne, Nektarine …, jeweils gewaschen, geputzt und in mundgerechte Stücke geschnitten

6. Gewürze (nach Belieben): 1 TL Zimt- oder ungesüßtes Kakaopulver, winterliche Gewürze oder 1 Msp. gemahlene Vanille

7. Crunch: 25 g Granola, Schokodrops, gehackte Nusskerne, Cookiestückchen, Rosinen …

Rhabarber-Vanille-ONO

ZUTATEN für 1 Portion

50 g feine Haferflocken
1 EL Chiasamen
120 ml Milch oder ungesüßter Pflanzendrink
50 g fettarmer Joghurt (Fettgehalt 1,5 %)
1 Msp. gemahlene Vanille
100 g Rhabarbermus (S. 40/41)
20 g gehackte Mandeln

AUSSERDEM
verschließbares Glas à 400 ml

ZUBEREITUNG

Für die Oats Haferflocken, Chiasamen, Milch, Joghurt und gemahlene Vanille in einem verschließbaren Glas gut verrühren.
Für die Toppings das Rhabarbermus obendrauf schichten, die gehackten Mandeln darüberstreuen.
Zum Durchziehen die ONO über Nacht in den Kühlschrank stellen.

Nährwerte pro Portion:
Ca. 350 kcal, 15 g EW, 12 g F, 49 g KH (davon Zucker 9 g), 11 g BST

Erdbeer-ONO

ZUTATEN für 1 Portion

50 g feine Haferflocken
1 EL Chiasamen
120 ml Milch oder ungesüßter Pflanzendrink
50 g fettarmer Joghurt (Fettgehalt 1,5 %)
½ TL Tonkabohnenabrieb
40 g fettarmer Frischkäse (Fettgehalt 0,2–4 %)
1 ½ TL Pudererythrit
120 g Erdbeeren

AUSSERDEM
verschließbares Glas à 400 ml

ZUBEREITUNG

Für die Oats Haferflocken, Chiasamen, Milch, Joghurt und Tonkabohnenabrieb in einem verschließbaren Glas gut verrühren.
Für die Toppings den Frischkäse mit dem Erythrit verrühren und obendrauf verteilen.
Abschließend die Erdbeeren waschen, vom Stielansatz befreien, klein schneiden und als letzte Schicht ins Glas füllen.
Zum Durchziehen die ONO über Nacht in den Kühlschrank stellen. Nach Belieben kannst du die Erdbeeren auch ganz frisch am folgenden Morgen hinzufügen.

Nährwerte pro Portion:
Ca. 424 kcal, 20 g EW, 14 g F, 51 g KH (davon Zucker 16 g), 11 g BST

Bratapfel-ONO

ZUTATEN für 1 Portion

50 g feine Haferflocken
1 EL Chiasamen
120 ml Milch oder ungesüßter Pflanzendrink
50 g fettarmer Joghurt (Fettgehalt 1,5 %)
1 Apfel
1 EL Rosinen
1 EL Mandelblättchen

AUSSERDEM

verschließbares Glas à 250 ml

ZUBEREITUNG

Für die Oats Haferflocken, Chiasamen, Milch und Joghurt in einem verschließbaren Glas gut verrühren.
Für die Toppings den Apfel waschen, vom Kerngehäuse befreien und klein schneiden. Die Apfelstücke in einer antihaftbeschichteten Pfanne einige Minuten anbraten und mit Rosinen sowie Mandelblättchen auf den ONO verteilen.
Zum Durchziehen die ONO über Nacht in den Kühlschrank stellen.

Nährwerte pro Portion:
Ca. 511 kcal, 17 g EW, 15 g F, 70 g KH (davon Zucker 39 g), 13 g BST

Lebkuchen-ONO

ZUTATEN für 1 Portion

50 g feine Haferflocken
1 EL Chiasamen
120 ml Milch oder ungesüßter Pflanzendrink
50 g fettarmer Joghurt (Fettgehalt 1,5 %)
10 g Kakaopulver
1 TL Lebkuchengewürz
20 g zuckerfreie Schokolade

AUSSERDEM

verschließbares Glas à 250 ml

ZUBEREITUNG

Für die Oats Haferflocken, Chiasamen, Milch, Joghurt, Kakaopulver und Lebkuchengewürz in einem verschließbaren Glas gut verrühren.
Für das Topping die zuckerfreie Schokolade klein hacken und obendrauf verteilen.
Zum Durchziehen die ONO über Nacht in den Kühlschrank stellen.

Nährwerte pro Portion:
Ca. 474 kcal, 19 g EW, 22 g F, 48 g KH (davon Zucker 12 g), 15 g BST

LEBKUCHEN-ONO
BRATAPFEL-ONO

Birchermüsli

VEGGIE | BLITZREZEPT | MEALPREP

ZUTATEN für 2 Portionen

2 Äpfel
60 g Mandeln
60 g Rosinen
60 g Haferflocken
400 g fettarmer Joghurt
(Fettgehalt 1,5 %)

AUSSERDEM

feine Reibe
2 Schraubgläser à 350 ml

Nährwerte pro Portion:
Ca. 569 kcal, 19 g EW, 21 g F, 67 g KH (davon Zucker 48 g), 10 g BST

ZUBEREITUNG

Am Vorabend die Äpfel waschen, vom Kerngehäuse befreien und fein reiben. Die Mandeln und die Rosinen klein hacken. Alles in einer Schüssel mit den Haferflocken und dem Joghurt gut verrühren.

Zum Durchziehen das Müsli auf zwei verschließbare Gläser verteilen. Über Nacht im Kühlschrank ruhen lassen.

NICE TO KNOW

Anstelle von Rosinen kannst du auch weiche Medjool-Datteln verwenden. Sie haben allerdings einen leicht höheren natürlichen Zuckergehalt als Rosinen. Etwas weniger Gesamt-Zuckergehalt bieten getrocknete Pflaumen.

Granola

VEGAN MEALPREP

ZUTATEN für ca. 800 g

2 EL Kokosöl
150 g Ahornsirup
4 EL braunes Mandelmus
3 TL Zimtpulver
1 Prise Salz
400 g grobe Haferflocken
150 g gehackte Mandeln oder
andere gehackte Nusskerne

AUSSERDEM

Backblech & Backpapier

Nährwerte pro Portion (50 g):
Ca. 222 kcal, 6 g EW, 11 g F, 23 g KH (davon Zucker 8 g), 4 g BST

ZUBEREITUNG

Für die Granola den Backofen auf 150 °C Umluft vorheizen. Das Backblech mit Backpapier belegen.
In einem kleinen Topf das Kokosöl zerlassen und mit Ahornsirup, Mandelmus, Zimtpulver und Salz glatt rühren.
Die Haferflocken mit den restlichen trockenen Zutaten vermischen und anschließend die Mandelmusmischung gründlich unterrühren.
Zum Backen die Granola auf dem Blech verteilen und 20 bis 30 Minuten in den Ofen (mittlere Schiene) geben. Dabei alle 5 Minuten wenden und besonders zum Ende im Blick behalten, da die Granola schnell verbrennt.
Zum Fertigstellen die Granola komplett abkühlen lassen (wer möchte, kann jetzt noch verschiedene getrocknete Früchte oder klein gehackte Schokolade untermischen).
Zum Aufbewahren in einer luftdichten Frischebox lagern. Die Granola hält sich mehrere Wochen.

Dinkelwaffeln mit Skyr

VEGGIE BLITZREZEPT MEALPREP

ZUTATEN für ca. 4–6 Waffeln

WAFFELTEIG

2 Eier (Größe M)
200 g Skyr (Fettgehalt 0,2 %)
150 g Dinkelmehl (Type 630)
1 TL Backpulver
60 ml Milch
50 g Erythrit-Stevia
1 Msp. gemahlene Vanille
Kokosöl, für das Waffeleisen

ZUM SERVIEREN

Pudererythrit, zum Bestäuben
Früchte nach Wahl

AUSSERDEM

Waffeleisen

Nährwerte pro Portion (bei 4):
Ca. 215 kcal, 14 g EW, 4 g F, 42 g KH (davon Zucker 3 g), 1 g BST

ZUBEREITUNG

Für den Waffelteig sämtliche Zutaten in einer Schüssel mit dem elektrischen Rührgerät (Schneebesen) zu einem glatten Teig verrühren.
Zum Backen rechtzeitig, also noch während der Teigzubereitung, das Waffeleisen vorheizen und mit etwas Öl einpinseln. Den Teig portionsweise im Waffeleisen ausbacken. (Die Teigmenge pro Portion hängt von deinem Waffeleisen ab.) Je nach Waffeleisen zwischendurch erneut ölen.
Zum Servieren mit Pudererythrit bestäuben. Mit frischen oder ohne Zuckerzusatz eingelegten, abgetropften Früchten nach Belieben servieren.

MEHR ABWECHSLUNG
Du kannst den Teig vor dem Ausbacken auch noch mit verschiedenen Gewürzen wie beispielsweise Zimtpulver, Lebkuchen- oder Spekulatiusgewürz sowie mit klein gehackter zuckerfreier Schokolade verfeinern.

Gemüsewaffeln mit Kräuterdip

VEGGIE BLITZREZEPT MEALPREP

ZUTATEN für ca. 4–6 Waffeln

WAFFELTEIG

1 Ei (Größe M)
250 ml Milch oder ungesüßter Pflanzendrink
130 g Dinkelmehl (Type 630)
Salz
frisch gemahlener Pfeffer
1–2 EL edelsüßes Paprikapulver
1 kleine (100 g) Möhre
½ (100 g) Zucchini
Öl, für das Waffeleisen
2 EL Mineralwasser (nach Bedarf)

KRÄUTERDIP

100 g fettarmer Joghurt (Fettgehalt 1,5 %)
100 g saure Sahne (Fettgehalt 10 %)
2 EL Kräutermix (TK oder frisch)
Salz, frisch gemahlener Pfeffer
1 Prise Erythrit-Stevia

AUSSERDEM

Gemüsereibe
Waffeleisen

Nährwerte pro Portion (bei 4):
Ca. 276 kcal, 11 g EW, 12 g F, 30 g KH (davon Zucker 8 g), 2,5 g BST

ZUBEREITUNG

Für den Waffelteig das Ei mit der Milch in einer Schüssel mit dem elektrischen Rührgerät (Schneebesen) verquirlen.
Das Mehl in eine separate Schüssel füllen, die Eiermilch dazugießen und mithilfe eines Spatels locker untermengen. Den Teig dabei mit Salz, Pfeffer und Paprikapulver würzen.
Die Möhre putzen und schälen, die Zucchini waschen und beides auf der Reibe fein raspeln. Diese Gemüsemasse mithilfe eines großen Löffels unter den Teig rühren.
Wenn der Teig sehr fest ist, noch etwas Mineralwasser unterrühren.
Zum Backen rechtzeitig, also noch während der Teigzubereitung, das Waffeleisen vorheizen und mit etwas Öl einpinseln. Den Teig portionsweise im Waffeleisen ausbacken. (Die Teigmenge pro Portion hängt von deinem Waffeleisen ab.) Je nach Waffeleisen zwischendurch erneut ölen.
Für den Kräuterdip inzwischen in einer Schüssel Joghurt, saure Sahne und Kräuter verrühren. Die Mischung mit Salz und Pfeffer abschmecken.
Zum Servieren die fertigen Waffeln mit dem Joghurtdip und nach Wunsch gehackten Kräutern toppen.

Beeren-Pancakes

VEGGIE BLITZREZEPT

ZUTATEN für 2 Portionen

130 g Dinkelmehl (Type 630)
½ Pck. Backpulver
½ TL Zimtpulver
1 Ei (Größe M)
4 EL Apfelmus (S. 40/41), plus nach Belieben mehr zum Servieren
80 ml Milch oder ungesüßter Pflanzendrink
150 g Heidelbeeren

ZUM SERVIEREN

150 g griechischer fettarmer Joghurt (Fettgehalt 1,5 %)
etwas Apfelmus oder Heidelbeeren nach Belieben

Nährwerte pro Portion:
Ca. 403 kcal, 17 g EW, 7 g F, 68 g KH (davon Zucker 17 g), 7 g BST

ZUBEREITUNG

Für den Teig das Mehl in einer Rührschüssel gründlich mit Backpulver und Zimt vermischen. Ei, Apfelmus und Milch mit einem elektrischen Rührgerät (Schneebesen) zu einem glatten Teig verrühren.
Abschließend die Heidelbeeren waschen, abtropfen lassen und vorsichtig mithilfe eines Spatels unterheben.
Zum Ausbacken eine antihaftbeschichtete Pfanne erhitzen und die Pancakes darin portionsweise bei mittlerer Temperatur ohne Fett ausbacken.
Zum Servieren mit jeweils 1 Klecks Joghurt sowie frischen Beeren oder etwas Apfelmus toppen. Unbedingt heiß und frisch genießen.

Frühstücks-Auflauf

VEGGIE BLITZREZEPT MEALPREP

ZUTATEN für 2 Portionen

2 Bananen
80 g feine Haferflocken
2 TL Mandelmus
1 Msp. gemahlene Vanille
300 ml Milch oder ungesüßter Pflanzendrink
100 g Beerenmix (TK)

AUSSERDEM

kleine Auflaufform (ca. 20 × 20 cm)

Nährwerte pro Portion:
Ca. 448 kcal, 14 g EW, 14 g F, 61 g KH (davon Zucker 34 g), 7,5 g BST

ZUBEREITUNG

Den Backofen auf 200 °C Ober-/Unterhitze vorheizen.
Für den Auflauf die Bananen schälen und mithilfe einer Gabel in einer Auflaufform zerdrücken.
Haferflocken, Mandelmus, Vanille und Milch hinzufügen, alles gut vermischen. Abschließend die noch nicht aufgetauten Beeren obendrauf verteilen.
Zum Garen den Auflauf etwa 30 Minuten im Ofen (mittlere Schiene) backen.
Heiß genießen.

MEHR ABWECHSLUNG

Anstatt der Bananen kannst du auch etwa 200 g Apfelmark (ohne Zuckerzusatz, aus dem Glas) benutzen – der Auflauf lässt sich prima für gleich zwei Tage Frühstück vorbereiten! Das Mandelmus kannst du durch Erdnuss- oder Haselnussmus ersetzen. Achte auch hier auf die Zutatenliste!

Müslistangen

VEGGIE MEALPREP

ZUTATEN für 8 Stück

HEFETEIG

180 ml Milch oder ungesüßter Pflanzendrink
½ Würfel (21 g) frische Hefe
250 g Dinkelmehl (Type 630), plus mehr zum Arbeiten
80 g Haselnusskerne
60 g Rosinen
90 g zarte Haferflocken
½ TL Zimtpulver

AUSSERDEM

Backblech
Backpapier

Nährwerte pro Stück:
Ca. 265 kcal, 9 g EW, 8 g F, 36 g KH (davon Zucker 7 g), 4 g BST

ZUBEREITUNG

Für den Vorteig die Milch in einem kleinen Topf handwarm erhitzen, dann vom Herd nehmen und in eine Schüssel füllen. Die Hefe darin unter Rühren auflösen, 2 EL vom Mehl hineinstäuben. Diesen Vorteig 10 Minuten an einem warmen Ort gehen lassen.

Für den Hauptteig inzwischen die Haselnusskerne gemeinsam mit den Rosinen klein hacken, beiseitestellen.

In einer Rührschüssel das restliche Mehl mit Haferflocken und Zimtpulver vermischen, aufhäufen und oben eine Mulde hineindrücken. Die Hefemilch hineingießen und alles mit den Händen (oder mit dem elektrischen Rührgerät samt Knethaken) glatt und geschmeidig verkneten. Erst ganz zum Schluss die Haselnuss-Rosinen-Mischung einarbeiten.

Für die 1. Teigruhe den Teig 30 bis 60 Minuten zimmerwarm abgedeckt gehen lassen. Er sollte sein Volumen deutlich vergrößern.

Zum Formen den Teig durchkneten (entgasen) und in 8 gleich große Stücke teilen. Auf einer leicht bemehlten Arbeitsfläche die Stücke zu etwa 10 cm langen Stangen rollen. Auf dem mit Backpapier belegten Backblech verteilen.

Für die 2. Teigruhe den Teig mit einem Küchenhandtuch bedeckt erneut 30 Minuten zimmerwarm gehen lassen. Rechtzeitig den Backofen auf 200 °C Ober-/Unterhitze vorheizen.

Zum Backen die aufgegangenen Müslistangen etwa 25 Minuten in den Ofen (mittlere Schiene) geben. Dann herausnehmen und abkühlen lassen.

MEHR ABWECHSLUNG

Anstelle von Haselnusskernen kannst du auch Walnusskerne oder Mandeln verwenden. Sehr lecker schmecken die Müslistangen übrigens mit getrockneten Cranberrys, die statt der Rosinen hineinkommen.

Briochezopf

VEGGIE MEALPREP

ZUTATEN für 6 Portionen

HEFETEIG

100 ml Milch oder ungesüßter Pflanzendrink
4 Datteln
ca. ½ Würfel (21 g) frische Hefe
250 g Dinkelmehl
30 g weiche fettarme Butter (Fettgehalt 39 %)
1 Ei (Größe M)
30 g Erythrit
1 Prise Salz

EISTREICHE

1 Eigelb (Größe M)
2 EL Milch oder ungesüßter Pflanzendrink

AUSSERDEM

Backblech
Backpapier

Nährwerte pro Portion:
Ca. 256 kcal, 9 g EW, 8 g F, 41 g KH (davon Zucker 6 g), 3 g BST

ZUBEREITUNG

Für den Vorteig die Milch in einer Schüssel handwarm erwärmen. Die Datteln entsteinen und klein schneiden. In der Milch 1 ½ Stunden zimmerwarm einweichen lassen. Anschließend gemeinsam mit dem Stabmixer pürieren. Diese Dattelmilch in einem Topf leicht erwärmen, dann in eine Schüssel füllen. Die Hefe in der Milch unter Rühren auflösen, 2 EL vom Mehl hineinstäuben. Diesen Vorteig 10 Minuten an einem warmen Ort gehen lassen.
Für den Hauptteig in einer Rührschüssel das restliche Mehl aufhäufen und oben eine Mulde hineindrücken. Die Hefe-Dattel-Milch hineingießen und mit den Händen (oder mit elektrischem Rührgerät/Küchenmaschine samt Knethaken auf kleiner Stufe, s. Tipp S. 61) glatt verkneten.
Die Butter in Stücke schneiden. Zunächst das Ei in den Teig einarbeiten. Sobald sich der Teig vom Schüsselrand löst, auch die Butter nach und nach unterkneten, ebenso Erythrit und Salz. Abschließend den Teig noch mal weitere 5 bis 10 Minuten kneten, bis er geschmeidig ist und glänzt.
Für die 1. Teigruhe den Briocheteig abgedeckt zimmerwarm etwa 1 Stunde gehen lassen. Er sollte sein Volumen sichtbar vergrößern.
Zum Formen das Backblech mit Backpapier auslegen. Den Teig noch mal kurz durchkneten (entgasen) und in 3 gleich große Stücke teilen. Daraus gleichmäßige Stränge von etwa 25 cm Länge formen, aus diesen einen einfachen Zopf flechten. Den Zopf auf das Blech legen.
Für die Eistreiche das Eigelb mit der Milch in einer kleinen Schüssel verrühren, die Brioche damit bestreichen.
Für die 2. Teigruhe den Zopf mit einem Küchenhandtuch abdecken und bei Zimmertemperatur 30 bis 40 Minuten erneut gehen lassen, bis er sein Volumen deutlich vergößert hat.
Zum Backen den Backofen rechtzeitig auf 170 °C Ober-/Unterhitze vorheizen. Den Zopf im Ofen etwa 30 Minuten (mittlere Schiene) goldbraun backen. Zur Garprobe wie beim Kuchenbacken einen Spieß mittig hineinstecken, er sollte sauber wieder herauskommen.
Vor dem Servieren die Brioche unbedingt abkühlen lassen, dann erst aufschneiden.
Zum Aufbewahren in ein Brotpapier einschlagen. Im Brotkasten hält sie sich einige Tage. Aus Resten z. B. die Armen Ritter von S. 64 machen.

NICE TO KNOW

Da hier länger geknetet werden muss, rate ich dir zum Einsatz einer Küchenmaschine mit Knethaken. Der Teig darf beim Kneten (durch die Reibung) nicht zu warm werden, weil dann die Hefe zu früh aktiv wird. Mir fällt es manchmal auch schwer, aber hier lieber langsamer und dafür länger kneten lassen!

Schokobrötchen

VEGGIE MEALPREP

ZUTATEN für 12 Stück

HEFETEIG

5 Datteln
100 ml Milch oder ungesüßter Pflanzendrink
½ Würfel (21 g) frische Hefe
580 g Dinkelmehl (Type 630)
50 g Erythrit
1 Ei (Größe M)
200 g fettarmer Joghurt (Fettgehalt 1,5 %)
60 g fettarme Butter (Fettgehalt 39 %)
100 g zuckerfreie Zartbitterschokolade

AUSSERDEM

Auflaufform (ca. 20 × 20 cm)
Backpapier

Nährwerte pro Stück:
Ca. 300 kcal, 9 g EW, 8 g F, 49 g KH (davon Zucker 11 g), 4 g BST

ZUBEREITUNG

Für den Vorteig die Datteln entsteinen, mit der Milch in einem hohen Mixbecher mit dem Stabmixer glatt pürieren. Die Dattelmilch in einem Topf handwarm erhitzen. Dann in eine Schüssel füllen und die Hefe unter Rühren darin auflösen. Vom Mehl 2 EL hineinstäuben und diesen Vorteig 10 Minuten an einem warmen Ort gehen lassen.

Für den Hauptteig den Vorteig mit allen weiteren Zutaten, außer der Schokolade, mit einem elektrischen Rührgerät (Knethaken) zu einem Teig verkneten.

Für die Teigruhe den Teig abgedeckt an einem warmen Ort 1 bis 2 Stunden gehen lassen, bis er sich sichtbar vergrößert hat.

Den Backofen auf 180 °C Umluft vorheizen. Eine Auflaufform mit Backpapier auslegen.

Zum Formen inzwischen die Schokolade klein hacken und unter den aufgegangenen Teig kneten. Den Teig in 12 gleich große Stücke aufteilen und zu Kugeln formen. Diese dicht nebeneinander (wie für Buchteln oder Zupfbrötchen) in die Form legen. Sie müssen nicht noch mal gehen.

Zum Backen die Schokobrötchen etwa 45 Minuten in den Ofen (mittlere Schiene) geben, bis sie goldbraun sind.

Vor dem Servieren abkühlen lassen und dann einfach auseinanderzupfen. Die Brötchen schmecken am besten am Backtag, aber sie halten sich auch einige Tage im Brotkasten.

NICE TO KNOW

Wird die Oberfläche der Schokobrötchen zu schnell zu dunkel, den Teig während des Backens mit Backpapier abdecken.

Arme Ritter mit Kirschen

VEGGIE BLITZREZEPT

ZUTATEN für 2 Portionen

200 g altbackene Brioche (S. 60)
100 g Kirschen (Glas, ohne Zuckerzusatz)
2 Eier (Größe M)
250 ml Milch oder ungesüßter Pflanzendrink
25 g Erythrit-Stevia
½ TL Zimtpulver
etwas Pudererythrit, zum Bestäuben

AUSSERDEM

Auflaufform (ca. 20 × 20 cm)
Backpapier

Nährwerte pro Portion:
Ca. 485 kcal, 22 g EW, 12 g F, 84 g KH (davon Zucker 15 g), 5 g BST

ZUBEREITUNG

Den Backofen auf 180 °C Ober-/Unterhitze vorheizen. Die Auflaufform mit Backpapier auslegen.

Für den Auflauf die Brioche zunächst in dickere Scheiben, anschließend in Würfel schneiden. Diese in der Auflaufform verteilen.

Die Kirschen durch ein Sieb abgießen und abtropfen lassen. Auf den Briochewürfeln verteilen.

Für die Eiermilch in einer Schüssel die Eier mit Milch, Erythrit-Stevia und Zimtpulver mithilfe eines Schneebesens verquirlen. Diese Mischung über die Briochewürfel gießen.

Zum Backen den Auflauf etwa 35 Minuten in den Ofen (mittlere Schiene) geben, bis er goldbraun ist.

Zum Servieren herausnehmen, sofort mit Pudererythrit bestäuben und warm genießen.

FÜR ZWISCHENDURCH

Snacks

Naschen verboten? Aber natürlich nicht! Wichtig ist dabei, dass du für den kleinen Hunger zwischendurch zu den richtigen Snacks greifst. In diesem Kapitel habe ich dir deshalb meine liebsten Rezepte für süße Kleinigkeiten zusammengestellt. Vielseitige Energy Balls dürfen hier auf keinen Fall fehlen, du wirst aber auch leckere selbst gemachte Alternativen zu beliebten Süßigkeiten-Klassikern aus dem Supermarkt finden.

Dinkelcookies mit Schokostückchen

VEGGIE MEALPREP

ZUTATEN für 20 Stück

200 g Dinkelmehl (Type 630)
150 g Mandelmus
125 g fettarme Butter (Fettgehalt 39 %)
60 g Kokosblütenzucker
40 ml Reissirup
1 TL Backpulver
1 Ei (Größe M)
1 Prise Salz
60 g zuckerfreie Schokolade

AUSSERDEM

1–2 Backbleche
Backpapier

Nährwerte pro Stück:
Ca. 144 kcal, 3 g EW, 8 g F, 14 g KH (davon Zucker 5 g), 1 g BST

ZUBEREITUNG

Den Backofen auf 160 °C Umluft vorheizen. Das Backblech (oder zwei) mit Backpapier auslegen.

Für den Cookieteig in einer Rührschüssel mit einem elektrischen Rührgerät (Knethaken) sämtliche Zutaten, außer der Schokolade, miteinander verkneten.

Zum Formen den ziemlich festen Teig mit den Händen zu einer etwa 20 cm langen Rolle formen. Diese in 20 gleich dicke Scheiben schneiden und die Scheiben mit etwas Abstand auf zwei Backbleche (alternativ die Cookies in zwei Portionen backen) verteilen.

Für die Schokostückchen die Schokolade grob hacken und die ungebackenen Cookies mit den Schokostückchen belegen.

Zum Backen die Cookies etwa 12 Minuten in den Backofen (mittlere Schiene) geben. Herausnehmen und abkühlen lassen.

Zum Aufbewahren die Cookies in eine luftdichte Frischebox füllen. Dann halten sie bis zu 1 Woche, sollten sie so lange überleben.

Ofenpfannkuchen aus Dinkel

VEGGIE BLITZREZEPT MEALPREP

ZUTATEN für 12 Stücke

PFANNKUCHENTEIG
600 ml Milch oder ungesüßter Pflanzendrink
250 g Dinkelmehl (Type 630)
2 Eier (Größe M)
1 EL weiche fettarme Butter (Fettgehalt 39 %)
1 EL Erythrit
1 Prise Salz

ZUM SERVIEREN
frische Früchte oder Fruchtmus (S. 40/41) nach Belieben

AUSSERDEM
tiefes Backblech (ca. 30 × 40 cm)
Backpapier

Nährwerte pro Stück:
Ca. 115 kcal, 5 g EW, 3 g F, 18 g KH (davon Zucker 3 g), 1 g BST

ZUBEREITUNG

Den Backofen auf 220 °C Ober-/Unterhitze vorheizen. Das Backblech mit Backpapier auslegen.
Für den Pfannkuchenteig in einer Rührschüssel mit dem elektrischen Rührgerät (Schneebesen) sämtliche Zutaten zu einem glatten Teig verrühren.
Zum Backen den Teig in das Backblech gießen. Den Pfannkuchen 20 bis 25 Minuten im Ofen (mittlere Schiene) goldbraun backen.
Zum Servieren noch warm in 12 rechteckige Stücke schneiden und mit Früchten nach Belieben oder mit Fruchtmus ohne Zuckerzusatz genießen.

NICE TO KNOW
Der Ofenpfannkuchen lässt sich stückweise wunderbar in einer antihaftbeschichteten Pfanne wieder aufwärmen.

Energy Balls: Grundrezept

VEGAN GLUTENFREI BLITZREZEPT MEALPREP

ZUTATEN für 16 Stück

150 g Trockenfrüchte (Datteln, Aprikosen, Feigen, Mango, Ananas …)
100 g Nusskerne (Haselnuss, Walnuss, Pekannuss, Cashewkerne oder auch Mandeln)
1 Prise Salz

COFFEE ENERGY

Nährwerte pro Stück:
Ca. 77 kcal, 2 g EW, 5 g F, 4 g KH (davon Zucker 4 g), 1 g BST

MANGO-KOKOS-BALLS

Nährwerte pro Stück:
Ca. 81 kcal, 2 g EW, 5 g F, 6 g KH (davon Zucker 6 g), 1 g BST

SCHOKO-HASEL-TRAUM

Nährwerte pro Stück:
Ca. 81 kcal, 2 g EW, 5 g F, 7 g KH (davon Zucker 7 g), 2 g BST

PISTAZIEN-ENERGIE

Nährwerte pro Stück:
Ca. 72 kcal, 2 g EW, 4 g F, 7 g KH (davon Zucker 6 g), 1 g BST

ZUBEREITUNG

Nur mit diesen wenigen Basiszutaten gelingen dir bereits sehr leckere Energy Balls – einfach gemeinsam in einem Standmixer oder mit einem Stabmixer pürieren.
Zum Formen die Masse zu gleich großen Kugeln rollen. In den extra Zutaten wälzen, falls verwendet.
Zum Aufbewahren in eine luftdichte Frischebox füllen. Im Kühlschrank halten die Energy Balls bis zu 2 Wochen. Sie können übrigens auch gut eingefroren werden.
Variieren kannst du diese Mischung nach Geschmack und wie du Lust hast. Dazu kommen dann weitere Zutaten wie Kakaopulver, Gewürze, zuckerfreie Schokolade, gehackte oder gemahlene Nusskerne oder Früchte für unendlich viele Varianten. Im Folgenden findest du Energy Balls, die es bei uns oft zum Naschen gibt.

NICE TO KNOW

- Sehr trockene Datteln oder Trockenfrüchte solltest du mindestens 15 Minuten in heißem Wasser einweichen. Weichere Trockenfrüchte wie Medjool-Datteln oder Aprikosen können direkt verarbeitet werden.
- Ich gebe die fertig gemixte Masse meist direkt 15 bis 20 Minuten in den Kühlschrank, dann wird sie etwas fester und lässt sich einfacher zu Kugeln formen.
- Meine Energy Balls werden etwa walnussgroß, denn bei kleineren Balls bin auch ich versucht, immer mehr davon zu naschen. Generell sind 1 bis 2 Stück als Nachmittags-Snack oder für einen Energieschub völlig in Ordnung.

COFFEE ENERGY

Ergibt 25 Stück

150 g Datteln
100 g Walnusskerne
100 g gemahlene Mandeln
40 ml frisch gebrühter Espresso, leicht abgekühlt
2 EL Kakaopulver
1 Prise Salz
3 EL Kokosraspel zum Wälzen

MANGO-KOKOS-BALLS

Ergibt 20 Stück

150 g getrocknete, ungeschwefelte Mango
1 EL Bio-Limettenabrieb
100 g Cashewkerne
70 g Kokosraspel
1 Msp. Tonkabohnenabrieb
1 Prise Salz
3 EL Kokosraspel zum Wälzen

SCHOKO-HASEL-TRAUM

Ergibt 16 Stück

150 g Datteln
100 g Haselnusskerne, geröstet
3 EL Kakaopulver
1 Prise Salz
3 EL gemahlene oder gehackte Haselnusskerne zum Wälzen

PISTAZIEN-ENERGIE

Ergibt 25 Stück

150 g Datteln
100 g Pistazienkerne
50 g Cashewkerne
70 g getrocknete Cranberrys
2 TL Kokosmus (Glas)
3 EL gehackte Pistazienkerne zum Wälzen

COFFEE ENERGY

SCHOKO-HASEL-TRAUM

MANGO-KOKOS-BALLS

PISTAZIEN-ENERGIE

Kokosriegel mit Schokolade

VEGGIE GLUTENFREI MEALPREP

ZUTATEN für 7 Stück

KOKOSMASSE

80 g Kokosmus (Glas)
50 g Kokosflocken
60 g Erythrit-Stevia
80 ml fettarme Kokosmilch
20 ml Kokosöl

ÜBERZUG

200 g zuckerfreie Zartbitterschokolade
10 g Kokosöl

AUSSERDEM

7 Riegelformen aus Silikon, alternativ Auflaufform oder Box
Kuchengitter

Nährwerte pro Stück:
Ca. 269 kcal, 3 g EW, 26 g F, 20 g KH (davon Zucker 1 g), 7 g BST

ZUBEREITUNG

Für die Kokosmasse sämtliche Zutaten in einem kleinen Topf erwärmen und dabei gut verrühren.
Zum Formen die Masse auf 7 Riegelformen aus Silikon aufteilen. Alternativ das Ganze in eine rechteckige Auflaufform oder Frischebox füllen. Dann etwa 3 Stunden auskühlen lassen, bis die Masse fest geworden ist. Die fest gewordene Masse aus den Silikonformen lösen bzw. in der Auflaufform oder Frischebox in 7 Riegel schneiden und vorsichtig aus der Form heben.
Für den Überzug die Schokolade hacken und in einem kleinen Topf mit dem Kokosöl schmelzen. Vom Herd nehmen.
Die Kokosriegel in die Glasur tauchen, sodass sie rundum von der Schokolade bedeckt sind. Auf ein Kuchengitter legen und trocknen lassen.
Zum Aufbewahren die Riegel in eine luftdichte Frischebox füllen. Im Kühlschrank halten sie sich gut 2 Wochen.

Mandelhörnchen mit Marzipan

VEGGIE GLUTENFREI MEALPREP

ZUTATEN für 10 Stück

MANDELMASSE
50 g gehobelte Mandeln
200 g Marzipan (S. 42)
30 g Pudererythrit
1 Eiweiß

GLASUR
100 g zuckerfreie Zartbitterschokolade

AUSSERDEM
Backblech
Backpapier

Nährwerte pro Stück:
Ca. 176 kcal, 4 g EW, 11 g F, 18 g KH (davon Zucker 12 g), 3 g BST

ZUBEREITUNG

Den Backofen auf 180 °C Ober-/Unterhitze vorheizen. Ein Backblech mit Backpapier belegen.

Für die Mandelmasse die gehobelten Mandeln in einen tiefen Teller füllen. Auf einer sauberen Arbeitsfläche das Marzipan per Hand gründlich mit dem Pudererythrit verkneten. Dann auch das Eiweiß unterkneten.

Zum Formen die Masse in 10 gleich große Portionen teilen und diese zu kleinen Rollen von etwa 7 cm Länge formen. Diese in den gehobelten Mandeln wälzen und anschließend zu Hörnchen biegen.

Zum Backen die Hörnchen auf das Backblech legen, leicht flach drücken und etwa 15 Minuten im Ofen (mittlere Schiene) goldbraun backen. Anschließend die Mandelhörnchen herausnehmen, auf ein Kuchengitter heben und vollständig abkühlen lassen.

Für die Glasur inzwischen die Schokolade hacken, über einem Wasserbad schmelzen und die Enden der Hörnchen in die Schokolade eintauchen. Die Mandelhörnchen auf einem Brett mit Backpapier fest werden lassen.

Zum Aufbewahren in eine luftdichte Frischebox füllen, so halten sich die Mandelhörnchen gut 1 Woche.

Schokoschnitten mit Quarkcreme

MEALPREP

ZUTATEN für 8 Stück

BODEN
4 Eier (Größe M)
60 g Erythrit-Stevia
60 g Dinkelmehl (Type 630)
30 g Kakaopulver
5 g Backpulver

CREME
200 g Magerquark (Fettgehalt 0,2 %)
50 g fettarmer Joghurt (Fettgehalt 1,5 %)
1 Pck. Gelatinepulver zum Einrühren
1 Msp. gemahlene Vanille
30 g Erythrit-Stevia

AUSSERDEM
tiefes Backblech (ca. 30 × 40 cm)
Backpapier

Nährwerte pro Stück:
Ca. 109 kcal, 10 g EW, 4 g F, 19 g KH (davon Zucker 2 g), 1 g BST

ZUBEREITUNG

Den Backofen auf 180 °C Ober-/Unterhitze vorheizen. Das Backblech mit Backpapier belegen.

Für den Boden die Eier in einer Rührschüssel mit dem Erythrit-Stevia etwa 4 Minuten mit dem elektrischen Rührgerät (Schneebesen) schaumig schlagen. In einer separaten Schüssel Mehl, Kakao- und Backpulver vermischen. Zügig unter die Masse heben, diese nicht mehr schlagen.

Zum Backen den Teig auf das Backblech gießen, dann glatt und etwa 1 cm dick zu einem Rechteck verstreichen. Den Schnittenboden 10 bis 12 Minuten im Ofen (mittlere Schiene) backen. Anschließend herausnehmen, auf ein Gitter stürzen, das Backpapier abziehen und den Boden abkühlen lassen.

Für die Creme inzwischen in einer Schüssel den Quark mit Joghurt und dem Gelatinepulver verrühren. Die Masse mit Vanille und Erythrit-Stevia abschmecken.

Zum Füllen den Boden mithilfe eines großen Sägemessers einmal senkrecht halbieren, sodass zwei kleine, gleich große Platten entstehen. Eine Hälfte mit der Creme bestreichen, die andere Hälfte darauflegen. Die gefüllten Teigplatten mindestens 2 Stunden im Kühlschrank fest werden lassen.

Zum Servieren die Teigplatte zu rautenförmigen Schnitten schneiden. Frisch schmecken sie am besten, aber gekühlt halten sie sich 1 bis 2 Tage.

Ausgebackene Apfelringe

VEGGIE BLITZREZEPT

ZUTATEN für 12 Stück

2 Äpfel (z. B. Jonagold)

TEIG

1 Ei (Größe M)
60 g Dinkelmehl (Type 630)
40–50 ml fettarme Milch (Fettgehalt 1,5 %)
Kokosöl, zum Ausbacken (optional)

ZUM SERVIEREN

½ TL Zimtpulver
1 ½ TL Erythrit

AUSSERDEM

Apfelausstecher

Nährwerte pro Stück:
Ca. 51 kcal, 1 g EW, 2 g F, 8 g KH (davon Zucker 4 g), 1 g BST

ZUBEREITUNG

Die Äpfel schälen, mithilfe eines Apfelausstechers das Kerngehäuse entfernen. Die Äpfel quer in 12 Scheiben (1 cm dick) schneiden.
Für den Teig in einer Rührschüssel alle Zutaten mit dem elektrischen Rührgerät (Schneebesen) glatt vermengen, kurz beiseitestellen.
Zum Ausbacken eine antihaftbeschichtete Pfanne bei mittlerer Temperatur erhitzen, nach Belieben (ich backe die Ringe oft ganz ohne Fett) das Kokosöl darin zerlassen.
Die Apfelringe nacheinander in den Teig tauchen, kurz abtropfen lassen und in der Pfanne von beiden Seiten etwa 3 Minuten goldbraun ausbacken.
Zum Servieren in einer kleinen Schüssel Zimtpulver und Erythrit verrühren, die Apfelringe damit bestreuen und warm genießen.

Erdnusspralinen mit Meersalz

VEGGIE GLUTENFREI LOW CARB

ZUTATEN für 24 Stück

ERDNUSSFÜLLUNG

40 g Medjool-Datteln, entsteint
100 g Erdnussmus

PRALINENHÜLLEN

150 g zuckerfreie Zartbitterschokolade
½ TL feine Meersalzflocken
1 EL fein gehackte Erdnusskerne

AUSSERDEM

Pralinenförmchen (aus Papier oder Silikon)

Nährwerte pro Stück:
Ca. 60 kcal, 2 g EW, 5 g F, 4 g KH (davon Zucker 1 g), 2 g BST

ZUBEREITUNG

Für die Erdnussfüllung die Datteln grob hacken. In einem hohen Mixbecher mithilfe eines Stabmixers die Datteln mit dem Erdnussmus und 2 EL Wasser zu einer cremigen Paste pürieren. Diese Paste etwa 20 Minuten im Kühlschrank fest werden lassen.
Für die Pralinenhüllen inzwischen die Schokolade hacken und über einem Wasserbad schmelzen. Mithilfe eines Teelöffels je 1 TL geschmolzene Schokolade in die Pralinenförmchen füllen.
Zum Fertigstellen die Erdnusspaste aus dem Kühlschrank nehmen, haselnussgroße Portionen zwischen den Händen zu Kugeln formen. Die Kugeln flach drücken und mittig auf die Schokoladenschicht in den Förmchen legen. Die restliche Schokolade in den Pralinenformen verteilen. Das Meersalz und klein gehackte Erdnusskerne obendrauf verteilen und die Pralinen vollständig aushärten lassen.
Zum Aufbewahren die Pralinen in einer luftdichten Frischebox im Kühlschrank lagern. So halten sie sich bis zu 4 Wochen.

Lebkuchenpralinen

VEGGIE GLUTENFREI BLITZREZEPT LOW CARB

ZUTATEN für ca. 14 Stück

100 g zuckerfreie Schokolade
60 g fettarmer Frischkäse (Fettgehalt 0,2–4 %)
1 TL Lebkuchengewürz
60 g Pudererythrit
25 g fein gemahlene Nusskerne, zum Wälzen

NACH BELIEBEN
Pralinenförmchen aus Papier

Nährwerte pro Stück:
Ca. 50 kcal, 2 g EW, 4 g F, 7 g KH (davon Zucker 0,3 g), 1 g BST

ZUBEREITUNG

Für die Pralinenmasse die Schokolade grob hacken und über einem Wasserbad schmelzen. Die flüssige Schokolade in eine hitzebeständige Schüssel gießen. Schokolade, Frischkäse, Lebkuchengewürz und Pudererythrit mithilfe eines Spatels glatt vermengen.
Die Pralinenmasse 2 bis 3 Stunden im Kühlschrank auskühlen lassen.
Zum Formen die gemahlenen Nusskerne in einen tiefen Teller füllen.
Aus der Pralinenmasse mit den Händen zügig kleine Kugeln formen und in den gemahlenen Nusskernen wälzen.
Zum Aufbewahren die Pralinen in einer luftdichten Frischebox im Kühlschrank lagern. So halten sie sich 1 bis 2 Wochen.
Zum Servieren die Pralinen nach Belieben in kleine Papierformen setzen.

Spekulatiuspralinen

VEGGIE GLUTENFREI BLITZREZEPT LOW CARB

ZUTATEN für ca. 14 Stück

90 g gemahlene Mandeln
60 g Pudererythrit
1 ½ TL Spekulatiusgewürz
3 EL Milch
5 g Kakaopulver, zum Wälzen

NACH BELIEBEN
Pralinenförmchen aus Papier

Nährwerte pro Stück:
Ca. 43 kcal, 2 g EW, 4 g F, 5 g KH (davon Zucker 1 g), 1 g BST

ZUBEREITUNG

Für die Pralinenmasse sämtliche Zutaten bis auf das Kakaopulver in einer Schüssel mithilfe eines Spatels gründlich miteinander vermengen.
Zum Formen mit den Händen aus der Masse kleine Kugeln rollen und diese im Kakaopulver wälzen.
Zum Aufbewahren die Pralinen in einer luftdichten Frischebox im Kühlschrank lagern. So halten sie sich 1 bis 2 Wochen.
Zum Servieren die Pralinen nach Belieben in kleine Papierformen setzen.

Schokohäppchen aus Kichererbsen

VEGGIE GLUTENFREI BLITZREZEPT LOW CARB

ZUTATEN für 20 Stück

200 g Kichererbsen (Glas, Abtropfgewicht)
50 g zuckerfreie Schokolade
grobes Meersalz

AUSSERDEM

Backblech
Backpapier

Nährwerte pro Stück:
Ca. 24 kcal, 1 g EW, 1 g F, 3 g KH (davon Zucker 0,1 g), 1 g BST

ZUBEREITUNG

Den Backofen auf 180 °C Umluft vorheizen. Ein Backblech mit Backpapier belegen.
Die Kichererbsen in einem Sieb gründlich abbrausen und dann gut abtropfen lassen. Anschließend auf dem Backblech verteilen und etwa 30 Minuten im Ofen (mittlere Schiene) rösten. Zwischendurch wenden.
Die Schokolade kurz vor Ende der Backzeit grob hacken und über einem Wasserbad schmelzen.
Zum Fertigstellen die Kichererbsen aus dem Ofen nehmen, einige Minuten abkühlen lassen und in die zuckerfreie Schokolade geben. Gut verrühren, bis die Hülsenfrüchte von Schokolade bedeckt sind.
Mithilfe von zwei Esslöffeln die Masse zu Häufchen auf einem Brett mit Backpapier portionieren. Jeweils etwas grobes Meersalz daraufstreuen und abkühlen lassen.
Zum Aufbewahren die Häppchen in eine luftdichten Frischebox füllen. Sie halten sich bis zu 3 Wochen im Kühlschrank.

MEHR ABWECHSLUNG

Anstelle von Meersalz als Topping kannst du auch ½ TL Zimtpulver, gemahlene Vanille oder eine weihnachtliche Gewürzmischung mit in die Schokolade mischen.

Edamame-Snack

VEGAN BLITZREZEPT

ZUTATEN für 1 Portion

Salz
250 g Edamame (TK)
1 Knoblauchzehe
1 TL Sesamöl
½ TL Chiliflocken
30 ml zuckerreduzierte Teriyakisauce
10 ml Sojasauce
1 Spritzer Zitronensaft
1 Prise Erythrit
¼ TL Sambal Oelek

Nährwerte pro Portion:
Ca. 403 kcal, 28 g EW, 17 g F, 17 g KH (davon Zucker 12 g), 13 g BST

ZUBEREITUNG

Für die Edamame in einem Topf reichlich gesalzenes Wasser zum Kochen bringen. Die tiefgekühlten Edamame darin 4 bis 5 Minuten köcheln lassen. Anschließend in ein Sieb abgießen.
Für die Glasur inzwischen den Knoblauch schälen und fein hacken. In einer Pfanne das Sesamöl bei mittlerer bis hoher Temperatur erhitzen, Knoblauch und Chiliflocken einrühren. Anrösten, bis es duftet.
Alle weiteren Zutaten mit in die Pfanne rühren und kurz einkochen lassen.
Zum Servieren die Edamame in der Sauce schwenken. Warm genießen.

NICE TO KNOW

Übrigens: Wenn du glutenfreie Soja- und Teriyakisauce verwendest, ist dieses Gericht auch glutenfrei!

ZUM SCHWELGEN

Kuchen

Ein Leben ohne Kuchen ist vorstellbar, aber sinnlos – und mit selbst gemachten Alternativen schwelgt es sich ohne Verzicht oder schlechtes Gewissen. Zu Gast bei Freunden gönne ich mir auch mal ein normales Stück Kuchen, aber wenn ich selbst backe, verwende ich keinen industriellen Zucker und achte auf gute Zutaten. Hier findest du Rezepte, die wir bei uns zu Hause gern essen und die hoffentlich auch dir das Leben versüßen.

Kirsch-Joghurt-Muffins

VEGGIE MEALPREP

ZUTATEN für 12 Stück

80 g weiche fettarme Butter (Fettgehalt 39 %), plus mehr für die Form
2 reife Bananen
60 g fettarmer Joghurt (Fettgehalt 1,5 %)
150 ml Milch
200 g Dinkelmehl (Type 630)
2 TL Weinstein-Backpulver
1 TL Tonkabohnenabrieb
200 g Kirschen (Glas, ohne Zuckerzusatz)

AUSSERDEM

Muffinform mit 12 Mulden

Nährwerte pro Stück:
Ca. 119 kcal, 3 g EW, 4 g F, 18 g KH (davon Zucker 5 g), 1 g BST

ZUBEREITUNG

Den Backofen auf 175 °C Ober-/Unterhitze vorheizen. Die Muffinform einfetten oder Silikonformen benutzen.
Für den Teig die Bananen schälen. In einem hohen Mixbecher mithilfe eines Stabmixers die Bananen mit Butter, Joghurt und Milch fein pürieren. In einer Rührschüssel mit den weiteren Zutaten, außer den Kirschen, mit dem elektrischen Rührgerät (Schneebesen) zu einem glatten Teig verrühren und abschließend mithilfe eines Spatels die Kirschen unterrühren.
Zum Backen den Teig in die vorbereitete Muffinform füllen, sodass die Mulden zu je zwei Dritteln gefüllt sind. Die Muffins 30 Minuten im Ofen (mittlere Schiene) backen und auskühlen lassen.

MEHR ABWECHSLUNG

Die Kirschen kannst du auch durch frische Heidelbeeren, klein geschnittene Apfelstücke oder andere weiche Früchte deiner Wahl ersetzen. Lass deiner Kreativität freien Lauf.

Cheesecakes am Stiel

VEGGIE GLUTENFREI MEALPREP

ZUTATEN für 8 Stück

CHEESECAKEMASSE

3 Eier (Größe M)
500 g Magerquark (Fettgehalt 0,2 %)
200 g fettarmer Frischkäse (Fettgehalt 0,2–4 %)
1 Pck. Vanillepuddingpulver
70 g Erythrit-Stevia
1 Msp. gemahlene Vanille

TOPPINGS

100–150 g zuckerfreie Schokolade
2 EL Kokosraspel
2 EL fein gehackte Mandeln

AUSSERDEM

Springform (18 cm ø)
Backpapier
8 Eisstiele aus Holz

Nährwerte pro Stück:
Ca. 221 kcal, 17 g EW, 12 g F, 23 g KH (davon Zucker 3 g), 4 g BST

ZUBEREITUNG

Den Backofen auf 180 °C Ober-/Unterhitze vorheizen. Die Springform mit Backpapier auslegen.

Für die Cheesecakemasse die Eier trennen. Das Eiweiß in einer sauberen Schüssel mit dem elektrischen Rührgerät (Schneebesen) steif schlagen. Das Eigelb in einer separaten Schüssel mit allen weiteren Zutaten glatt rühren. Anschließend den Eischnee mithilfe eines Spatels vorsichtig unterheben.

Zum Backen die Cheesecakemasse in die vorbereitete Springform füllen, dann glatt streichen. Das Ganze etwa 40 Minuten im Ofen (mittlere Schiene) backen. Zur Garprobe einen Spieß mittig hineinstecken, er sollte sauber wieder herauskommen. Den Kuchen herausnehmen und vollständig abkühlen lassen. Erst dann aus der Form lösen.

Zum Formen den Cheesecake in 8 Kuchenstücke schneiden. Die Eisstiele vorsichtig an der dicken Seite hineinstecken.

Für die Toppings die Schokolade über einem Wasserbad schmelzen und damit die Cheesecakespitzen verzieren (am besten von einem Löffel tropfen lassen).

Abschließend auf der Schokoladenseite sofort mit Kokosraspeln und Nussstückchen bestreuen. Die Cheescakes liegend servieren.

NICE TO KNOW

Die Eisstiele hierfür findest du in größeren Supermärkten beim Partybedarf. Aber auch in der Apotheke: Dort kannst du nach kleinen Mundspateln fragen. Im Bastelbedarf gibt es ebenfalls solche Stiele, du solltest aber darauf achten, dass sie für den Lebensmittelbereich zugelassen sind.

Rüblischnitten mit Frosting

VEGGIE MEALPREP

ZUTATEN für 14 Stücke

TEIG

2 Eier (Größe M)
70 ml Sonnenblumenöl
130 ml Milch
120 g Erythrit-Stevia
40 g kalorienfreie Rohrzucker-alternative
220 g Dinkelmehl (Type 630)
1 Pck. Backpulver
1 TL Zimtpulver
300 g Möhren

FROSTING

260 g fettarmer Frischkäse (Fettgehalt 0,2–4 %)
40 g Pudererythrit
optional noch 1 Möhre

AUSSERDEM

Backform (ca. 20 × 30 cm)
Backpapier
Gemüsereibe

Nährwerte pro Stück:
Ca. 136 kcal, 6 g EW, 6 g F, 28 g KH (davon Zucker 3 g), 1 g BST

ZUBEREITUNG

Den Backofen auf 180° C Ober-/Unterhitze vorheizen. Die Backform mit Backpapier auslegen.
Für den Teig die Eier in einer Rührschüssel mit Öl, Milch, Erythrit-Stevia und der Rohrzuckeralternative mit einem elektrischen Rührgerät (Schneebesen) glatt verschlagen. Mehl, Back- und Zimtpulver hinzufügen und mit möglichst wenig Rühren zu einem glatten Teig mischen.
Anschließend die Möhren putzen, schälen und auf einer Reibe fein raspeln. Diese Masse mithilfe eines Spatels unter den Teig heben.
Zum Backen den Teig in die Backform füllen. Die Form anschließend leicht auf die Arbeitsfläche klopfen, damit sich der Teig setzt. 45 Minuten im Ofen (mittlere Schiene) backen. Zur Garprobe einen Spieß mittig hineinstecken, er sollte sauber wieder herauskommen. Die Form aus dem Ofen nehmen und den Kuchen darin abkühlen lassen.
Für das Frosting den Frischkäse mit dem Pudererythrit in einer Rührschüssel mit dem elektrischen Rührgerät (Schneebesen) glatt vermischen. In einer gleichmäßigen Schicht auf dem abgekühlten Kuchen verteilen.
Zum Servieren den Kuchen in Schnitten teilen und aus der Form heben. Als Topping kannst du fein gehobelte Möhrenlocken verwenden.

NICE TO KNOW

Du kannst den Rüblikuchen auch 1 bis 2 Tage im Voraus backen und luftdicht verpackt im Kühlschrank aufbewahren. Das Frosting jedoch maximal einige Stunden vor dem Verzehr auftragen.

Bananenbrot

VEGGIE MEALPREP

ZUTATEN für 20 Scheiben

TEIG

fettarme Butter (Fettgehalt 39 %), für die Form
100 g Dinkelmehl (Type 630), plus mehr für die Form
2 sehr reife Bananen
2 Eier (Größe M)
1 TL Zimtpulver
2 EL gehackte Nusskerne nach Wahl
60 g gemahlene Mandeln
40 g feine Haferflocken
½ Pck. Backpulver
50 ml Milch
80 g fettarmer Joghurt (Fettgehalt 1,5 %)

AUSSERDEM

Kastenform (ca. 11 × 30 cm)

Nährwerte pro Stück:
Ca. 72 kcal, 3 g EW, 3 g F, 7 g KH (davon Zucker 2 g), 1 g BST

ZUBEREITUNG

Den Backofen auf 180 °C Ober-/Unterhitze vorheizen. Die Kastenform einfetten und mit Mehl ausstäuben.

Für den Teig die Bananen schälen und eine davon der Länge nach halbieren. Eine Hälfte beiseitelegen, die restliche Banane mithilfe einer Gabel in einer kleinen Schüssel zu Mus zerdrücken. Die Eier in einer großen Rührschüssel mit dem elektrischen Rührgerät (Schneebesen) schaumig verschlagen, Bananenmus und Zimtpulver unterrühren.

Alle trockenen Zutaten in einer separaten Schüssel vermengen. In einer weiteren Schüssel die Milch und den Joghurt mit dem elektrischen Rührgerät (Schneebesen) verrühren.

Die Mehlmischung unter stetigem, aber vorsichtigem Rühren im Wechsel mit der Milch-Joghurt-Masse unter die Eier mischen. Der Teig soll glatt und cremig sein, aber bitte nicht zu viel rühren.

Zum Backen den Teig in die vorbereitete Kastenform füllen. Die restliche Bananenhälfte auf die Teigoberfläche legen und das Ganze etwa 35 Minuten im Ofen (mittlere Schiene) backen. Zur Garprobe einen Spieß mittig hineinstecken, er sollte sauber wieder herauskommen. Die Form aus dem Ofen nehmen und den Kuchen abkühlen lassen.

In einer luftdichten Frischebox hält sich das Bananenbrot mehrere Tage im Kühlschrank.

MEHR ABWECHSLUNG

Den Teig kannst du auch mit grob gehackten Nusskernen, Schokoladenstückchen etc. verfeinern.

Du kannst altbackenes Bananenbrot auch kurz in einer antihaftbeschichteten Pfanne ohne Fett als kleinen Snack erhitzen.

Himbeerrolle mit Kakao

VEGGIE MEALPREP LOW CARB

ZUTATEN für 14 Stücke

BISKUIT

2 Eier (Größe M)
40 g Erythrit-Stevia
50 g Dinkelmehl (Type 630)
40 ml frisch gebrühter Espresso, leicht abgekühlt
2 TL Kakaopulver
1 TL Backpulver

FÜLLUNG

250 g Magerquark (Fettgehalt 0,2 %)
1 Msp. gemahlene Vanille
25 g Erythrit-Stevia
1 Schuss Mineralwasser
150 g Himbeeren

AUSSERDEM

tiefes Backblech (ca. 30 × 40 cm)
Backpapier

Nährwerte pro Stück:
Ca. 44 kcal, 4 g EW, 1 g F, 9 g KH (davon Zucker 1 g), 1 g BST

ZUBEREITUNG

Den Backofen auf 170 °C Ober-/Unterhitze vorheizen. Das tiefe Backblech mit Backpapier auslegen.

Für den Biskuit die Eier trennen und in einer sauberen Edelstahlschüssel die Eiweiße mit dem elektrischen Rührgerät (Schneebesen) steif schlagen. In einer weiteren Schüssel die Eigelbe mit den restlichen Zutaten für den Teig klümpchenfrei verrühren. Den Eischnee mithilfe eines Spatels vorsichtig unterheben.

Zum Backen die Biskuitmasse in das vorbereitete Backblech gießen und glatt verteilen. 10 bis 12 Minuten im Ofen (mittlere Schiene) goldbraun backen.

Das Blech aus dem Ofen nehmen und den Biskuit sofort auf ein Küchenhandtuch stürzen, das Backpapier abziehen und die Kuchenplatte mithilfe des Handtuchs vorsichtig der Länge nach einrollen. So geformt einige Minuten abkühlen lassen, dann vorsichtig wieder aufrollen und beiseitestellen.

Für die Füllung den Magerquark mit dem elektrischen Rührgerät (Schneebesen) in einer Rührschüssel mit Vanille, Erythrit-Stevia und Mineralwasser glatt rühren. Die Himbeeren waschen, trocken tupfen und unter die Quarkmasse heben. Die Füllung auf dem Biskuitboden verteilen, den Biskuit wieder einrollen und vor dem Servieren noch einige Stunden kalt stellen.

MEHR ABWECHSLUNG

Wenn du keinen Kaffee magst oder kleine Kinder mitessen, kannst du den Espresso auch durch in 40 ml Milch aufgekochten Kakao oder ganz einfach durch 40 ml Milch ersetzen.

Kürbis-Blondies

VEGGIE MEALPREP

ZUTATEN für 9 Stück

TEIG

120 g weiche fettarme Butter (Fettgehalt 39 %)
130 g Erythrit-Stevia
1 Ei (Größe L)
150 g Kürbispüree
200 g Dinkelmehl (Type 630)
1 TL Backpulver
2–3 TL Pumpkin Spice (S. 29)
100 g zuckerfreie Schokolade

AUSSERDEM

Backform (ca. 20 × 20 cm)
Backpapier

Nährwerte pro Stück:
Ca. 195 kcal, 5 g EW, 11 g F, 35 g KH (davon Zucker 2 g), 3 g BST

ZUBEREITUNG

Den Backofen auf 180 °C Ober-/Unterhitze vorheizen. Die Backform mit Backpapier auslegen.

Für den Teig die Butter in einer Rührschüssel mit dem elektrischen Rührgerät (Schneebesen) oder in der Küchenmaschine (Flachrührer) gemeinsam mit dem Erythrit-Stevia luftig und glänzend aufschlagen. Das Ei sowie das Kürbispüree hinzufügen und gut unterrühren.

Nun Mehl, Backpulver und Pumpkin Spice hinzufügen, den Teig glatt rühren. Die Schokolade fein hacken und die Hälfte davon mithilfe eines Spatels unter den Teig heben.

Zum Backen den Teig in die Backform füllen und glatt streichen. Dann die restliche gehackte Schokolade gleichmäßig darauf verteilen und die Blondies 30 bis 35 Minuten im Ofen (mittlere Schiene) backen. Zur Garprobe einen Spieß mittig hineinstecken, er sollte sauber wieder herauskommen. Anschließend die Form aus dem Ofen nehmen und die Blondies vor dem Schneiden mindestens 1 Stunde abkühlen lassen.

NICE TO KNOW

Wenn es mal schnell gehen muss, kannst du Kürbispüree aus dem Glas verwenden. In der Saison koche ich jedoch gern 1 kleinen Hokkaido-Kürbis weich und püriere ihn, den muss man noch nicht einmal schälen. Das Püree macht den Teig hier schön saftig. Reste lassen sich in Suppe, Brot oder als Aufstrich verwerten.

Apfelmus-Cheesecake

VEGGIE MEALPREP

ZUTATEN für 8 Stücke

BODEN

120 g Dinkelmehl (Type 630), plus mehr zum Arbeiten und für die Form
100 g Magerquark (Fettgehalt 0,2 %)
10 ml Pflanzenöl
1 TL Backpulver
25 g Erythrit-Stevia

KÄSEMASSE

100 g Magerquark (Fettgehalt 0,2 %)
100 g fettarmer Frischkäse (Fettgehalt 0,2–4 %)
1 Ei (Größe L)
20 g Vanillepuddingpulver
50 g Erythrit-Stevia
4 EL Apfelmus (S. 40/41)

AUSSERDEM

Springform (20 cm ø)
Backpapier

Nährwerte pro Stück:
Ca. 118 kcal, 8 g EW, 2 g F, 26 g KH (davon Zucker 3 g), 1 g BST

ZUBEREITUNG

Den Backofen auf 180 °C Ober-/Unterhitze vorheizen. Die Springform mit Backpapier auslegen.
Für den Boden sämtliche Zutaten mit dem elektrischen Rührgerät (Schneebesen) oder den Händen gründlich verkneten. Den Teig auf einer bemehlten Arbeitsfläche recht dick ausrollen und in die vorbereitete Form drücken. Dabei einen Rand von 2 bis 3 cm Höhe formen. Den Teigboden mithilfe einer Gabel mehrmals und gleichmäßig einstechen.
Für die Käsemasse sämtliche Zutaten in einer Schüssel mit dem elektrischen Rührgerät (Schneebesen) glatt rühren.
Zum Backen das Apfelmus auf dem Teigboden in der Form verteilen, die Creme darauf glatt streichen. Den Cheesecake 40 Minuten im Ofen (mittlere Schiene) backen.
Den Kuchen herausnehmen und abkühlen lassen. Er sollte vor dem Verzehr einige Stunden, am besten über Nacht, im Kühlschrank ruhen.

Apfel-Streusel-Kuchen

VEGGIE MEALPREP

ZUTATEN für 14 Stücke

STREUSEL
75 g kalte fettarme Butter (Fettgehalt 39 %)
125 g Dinkelmehl (Type 630)
75 g Erythrit-Stevia
1 TL Zimtpulver

BELAG
3 mittelgroße, saftige Äpfel (z. B. Jonagold)

TEIG
100 g weiche fettarme Butter (Fettgehalt 39 %)
75 g Erythrit-Stevia
1 TL Bio-Zitronenabrieb
250 g Dinkelmehl (Type 630)
½ Pck. Backpulver
¼ TL Salz
200 ml Milch

AUSSERDEM
Backform (ca. 23 × 35 cm)
Backpapier

Nährwerte pro Stück:
Ca. 171 kcal, 4 g EW, 6 g F, 35 g KH (davon Zucker 5 g), 2 g BST

ZUBEREITUNG

Den Backofen auf 180 °C Ober-/Unterhitze vorheizen. Die Backform mit Backpapier auslegen.
Für die Streusel die Butter in Würfel schneiden. Dann in einer Rührschüssel mit Dinkelmehl, Erythrit-Stevia und Zimt mit den Händen verreiben, sodass sich Streusel bilden.
Für den Belag die Äpfel vierteln, vom Kerngehäuse befreien und in dünne Schnitze schneiden. Es werden etwa 500 g Schnitze benötigt.
Für den Teig die weiche Butter mit Erythrit-Stevia und Zitronenabrieb in einer Rührschüssel mit dem elektrischen Rührgerät (Schneebesen) oder in der Küchenmaschine (Flachrührer) hell aufschlagen. Die restlichen Zutaten hinzufügen und alles mit wenig Rühren zu einem glatten Teig verarbeiten.
Zum Backen den Teig in die Backform füllen und glatt streichen. Die Äpfel auf dem Teig überlappend verteilen. Die Streusel auf der Apfelschicht verteilen. Den Kuchen ewa 50 Minuten im Ofen (mittlere Schiene) backen, bis die Streusel knusprig und leicht goldbraun sind.
Den Kuchen herausnehmen und in der Form abkühlen lassen. Er hält sich in einer luftdichten Frischebox mehrere Tage im Kühlschrank.

MEHR ABWECHSLUNG
Anstelle von Äpfeln kannst du auch andere Früchte verwenden, die sich gut zum Backen mit Streuseln eignen: Pflaumen, Birnen, Beeren … sie alle geben schön viel Saft ab, der sich wunderbar zu den Streuseln macht.

Mandarinen-Creme-Schnitten

VEGGIE MEALPREP

ZUTATEN für 20 Stücke

TEIG

5 Eier (Größe M)
180 g Erythrit-Stevia
350 g Dinkelmehl (Type 630)
1 Pck. Backpulver
100 ml Pflanzenöl
180 ml Fanta Zero

CREME

500 g Magerquark (Fettgehalt 0,2 %)
250 g Mascarpone
5 EL Erythrit-Stevia
1–2 Tropfen Vanillearoma
3 Dosen Mandarinen (à 175 g), ohne Zuckerzusatz
2–3 TL Zimtpulver, zum Servieren

AUSSERDEM

tiefes Backblech (ca. 30 × 40 cm)
Backpapier

Nährwerte pro Stück:
Ca. 199 kcal, 8 g EW, 11 g F, 31 g KH (davon Zucker 3 g), 1 g BST

ZUBEREITUNG

Den Backofen auf 150 °C Umluft vorheizen. Das tiefe Backblech mit Backpapier auslegen.
Für den Teig die Eier in einer Rührschüssel mit dem elektrischen Rührgerät (Schneebesen) oder in der Küchenmaschine (Flachrührer) mit dem Erythrit-Stevia schaumig aufschlagen. Dann die restlichen Zutaten hinzufügen und alles mit wenig Rühren zu einem glatten Teig verarbeiten.
Zum Backen den Teig auf dem vorbereiteten Backblech glatt verstreichen und etwa 25 Minuten im Ofen (mittlere Schiene) backen. Herausnehmen und auf dem Blech abkühlen lassen.
Für die Creme inzwischen in einer Rührschüssel den Magerquark mit Mascarpone, Erythrit-Stevia und Vanillearoma mit dem elektrischen Rührgerät (Schneebesen) glatt vermengen.
Die Mandarinen über einer Schüssel in ein Sieb abgießen und gut abtropfen lassen. 2 bis 3 EL vom Saft unter die Creme rühren, dann die abgetropften Mandarinen unterheben. Die Mandarinencreme auf dem vollständig abgekühlten Kuchen verteilen.
Zum Servieren den Kuchen in rechteckige Stücke aufschneiden. Direkt vor dem Essen mit etwas Zimtpulver bestreuen. Im Kühlschrank aufbewahren und innerhalb von 2 Tagen verzehren.

MEHR ABWECHSLUNG

Für eine noch leichtere Variante kann anstelle von Mascarpone auch fettreduzierter Frischkäse genutzt werden.
Das halbe Rezept reicht für eine Backform mit 18 × 28 cm.

Nougat-Bananen-Kuchen

VEGGIE MEALPREP

ZUTATEN für 8 Stücke

TEIG

fettarme Butter (Fettgehalt 39 %), für die Form
100 g Dinkelmehl (Type 630), plus mehr für die Form
2 mittelreife Bananen
35 ml Pflanzenöl
2 Eier (Größe M)
50 g Nuss-Nougat-Creme (S. 42)
100 g gemahlene Nusskerne nach Wahl
1 Pck. Backpulver
60 g Erythrit-Stevia

GLASUR

4 EL Pudererythrit
½ TL Zimtpulver

AUSSERDEM

Springform (16 cm ø)

Nährwerte pro Stück:
Ca. 223 kcal, 8 g EW, 14 g F, 31 g KH (davon Zucker 5 g), 3 g BST

ZUBEREITUNG

Den Backofen auf 180 °C Ober-/Unterhitze vorheizen. Die Springform mit Butter einfetten und mit etwas Dinkelmehl bestäuben.
Für den Teig die Bananen schälen und in einer Schüssel mithilfe einer Gabel zu Mus zerdrücken. Dieses mit dem elektrischen Rührgerät (Schneebesen) oder in der Küchenmaschine (Flachrührer) mit Öl, Eiern und Nuss-Nougat-Creme gründlich verrühren. Dann Nusskerne, Mehl, Backpulver sowie Erythrit-Stevia hinzufügen. Mit wenig Rühren zu einem glatten Teig vermischen.
Zum Backen den Teig in die vorbereitete Springform füllen. Die Form ein paarmal sanft auf die Arbeitsfläche klopfen, damit sich der Teig setzt. Den Kuchen etwa 40 Minuten im Ofen (mittlere Schiene) backen. Zur Garprobe einen Spieß mittig hineinstecken, er sollte sauber wieder herauskommen. Danach den Kuchen herausnehmen und in der Form abkühlen lassen.
Für die Glasur in einer kleinen Schüssel Pudererythrit mit Zimtpulver und so viel Wasser anrühren, dass sich eine gießfähige Glasur ergibt. Diese auf dem Kuchen verteilen und fest werden lassen.

MEHR ABWECHSLUNG

Anstelle der Nuss-Nougat-Creme kannst du auch Nussmus verwenden. Und bei den Nusskernen hast du natürlich die Wahl, je nach Vorliebe und Verträglichkeit. Generell passen Hasel- oder Walnüsse sowie Mandeln sehr gut in diese Mischung.

ZUM SATTESSEN

Herzhaftes

„Ist doch eh ohne Zucker?“ Falsch gedacht. Besonders Fertiggerichte, aber auch bestimmte Zutaten stecken voller mehr oder weniger gut versteckter Zuckerarten. Wie du diese durch einfach selbst gemachte Gerichte vermeiden kannst, möchte ich dir in diesem Kapitel zeigen. Außerdem ist es grundsätzlich wichtig, dass du über deine Hauptmahlzeiten ausgewogen und lang anhaltend gesättigt wirst – so beugst du Heißhungerattacken vor.

Sushi-Salat mit gebratenen Garnelen

GLUTENFREI MEALPREP

ZUTATEN für 2 Portionen

SALAT

100 g Basmatireis
Salz
1 Avocado
Saft von ½ Limette
1 kleine (100 g) Möhre
½ Salatgurke
½ Bund Koriandergrün
2 Nori-Blätter
100 g Garnelen (TK, aufgetaut)

DRESSING

3 EL Sojasauce
2 EL Sesamöl

Nährwerte pro Portion:
Ca. 460 kcal, 17 g EW, 19 g F, 50 g KH (davon Zucker 11 g), 7 g BST

ZUBEREITUNG

Den Reis in einem Topf mit Wasser und Salz nach Packungsanweisung einmal aufkochen lassen. Dann die Temperatur verringern, einen Deckel auflegen und den Reis etwa 15 Minuten garen. Anschließend in einer großen Form verteilen, damit der Reis schneller abkühlt.

Für den Salat die Avocado halbieren, von Kern und Schale befreien und in mundgerechte Würfel schneiden. Mit Limettensaft beträufeln. Die Möhre putzen, schälen und auf einer Reibe grob raspeln. Die Salatgurke waschen, putzen und in Würfel schneiden. Das Koriandergrün waschen, trocken schütteln und die Blätter klein hacken. Die Nori-Blätter in feine Streifen schneiden.

Zum Fertigstellen den abgekühlten Reis auf zwei Schalen verteilen. Mit Gemüse, Koriander und Nori-Streifen toppen.

Eine antihaftbeschichtete Pfanne stark erhitzen und darin die Garnelen auf jeder Seite 2 bis 3 Minuten kräftig anbraten. Dann auf die Schalen verteilen.

Für das Dressing die Zutaten in einer kleinen Schüssel verquirlen, dann über den Salat träufeln. Sofort servieren.

NICE TO KNOW

Diesen Schichtsalat kannst du auch prima zum Mitnehmen in ein großes Glas oder eine Frischebox füllen. Dann noch nicht mit dem Dressing anmachen. Dieses separat abfüllen – fertig ist ein ausgewogener Büro-Lunch! Das Dressing kommt erst kurz vor dem Essen über den Sushi-Salat.

Asia-Salat mit Vollkornnudeln

VEGAN BLITZREZEPT

ZUTATEN für 4 Portionen

SALAT

250 g Vollkorn-Mie-Nudeln
2 Salatgurken
4 Frühlingszwiebeln
3 EL Sesamöl
4 EL Sojasauce
4 EL Sesamsamen

ZUM SERVIEREN

Chiliflocken

Nährwerte pro Portion:
Ca. 390 kcal, 11 g EW, 14 g F, 52 g KH (davon Zucker 4 g), 4 g BST

ZUBEREITUNG

Die Nudeln nach Packungsanweisung garen. In ein Sieb abgießen, mit kaltem Wasser abschrecken und abtropfen lassen.
Für den Salat die Gurken waschen, putzen und in kleine Stücke schneiden. Die Frühlingszwiebeln waschen, putzen und in dünne Ringe schneiden. Nudeln, Gurkenstücke, Frühlingszwiebeln, Sesamöl, Sojasauce und Sesamsamen zu einem Salat vermischen.
Zum Servieren mit Chiliflocken bestreuen.

MEHR ABWECHSLUNG

Den Asia-Salat kannst du auch mit klein geschnittenen Möhren, Zuckerschoten oder Brokkoli (jeweils kurz gegart oder blanchiert) ergänzen – so nimmst du gleich noch mehr gute Ballaststoffe zu dir, die gesund sind und sättigen.

Thai-Nudelsalat mit Hähnchen

BLITZREZEPT MEALPREP

ZUTATEN für 2 Portionen

SALAT

100 g dünne Reisnudeln
250 g Hähnchenbrustfilet
Salz
frisch gemahlener Pfeffer
½ EL Pflanzenöl
Saft von 1 Bio-Limette
4 EL Sojasauce
¼ TL Chiliflocken
1 EL Sesamöl
1 Möhre
¼ Salatgurke
1 Lauchzwiebel
½ rote Zwiebel

ZUM SERVIEREN

2 Stiele Koriander
1 EL gesalzene, geröstete Erdnusskerne

Nährwerte pro Portion:
Ca. 485 kcal, 36 g EW, 13 g F, 52 g KH (davon Zucker 10 g), 5 g BST

ZUBEREITUNG

Die Nudeln in einer hitzebeständigen Schüssel mit kochendem Wasser überbrühen und etwa 5 Minuten quellen lassen. Anschließend abgießen, mit kaltem Wasser abschrecken und abtropfen lassen.

Die Hähnchenbrustfilets waschen, trocken tupfen, rundum mit Salz und Pfeffer bestreuen. Das Öl in einer Pfanne bei mittlerer bis hoher Temperatur erhitzen. Das Fleisch darin unter Wenden 8 bis 10 Minuten kräftig an- und anschließend bei etwas reduzierter Temperatur durchbraten. Herausnehmen und zum Abkühlen beiseitestellen.

Für das Dressing die Hälfte des Limettensafts in einer kleinen Schüssel mit Sojasauce, Chiliflocken und Sesamöl verquirlen. Mit den Nudeln in einer großen Salatschüssel vermengen und zugedeckt etwa 20 Minuten ziehen lassen.

Für den Salat inzwischen die Möhre putzen und schälen, die Gurke waschen, beides in dünne Streifen schneiden. Die Lauchzwiebel waschen, putzen und in dünne Ringe schneiden. Die Zwiebel schälen und in feine Streifen schneiden. Das Ganze mit dem restlichen Limettensaft abschmecken.

Zum Servieren das nun leicht abgekühlte Fleisch in Scheiben schneiden. Das Hähnchen und das geschnittene Gemüse mit den angemachten Nudeln vermengen.

Den Koriander waschen, trocken schütteln und die Blätter grob hacken. Die Erdnusskerne grob hacken. Den Nudelsalat mit Koriander und Erdnusskernen bestreut genießen.

Mango-Bohnen-Salat

VEGAN GLUTENFREI MEALPREP

ZUTATEN für 2 Portionen

1 Mango
½ Salatgurke
150 g weiße Bohnen (Dose)
1 kleine rote Zwiebel
2 Stiele Minze
1 TL Olivenöl
2 EL Limettensaft
½ TL Chiliflocken
frisch gemahlener Pfeffer
Salz

Nährwerte pro Portion:
Ca. 145 kcal, 5 g EW, 4 g F, 20 g KH (davon Zucker 13 g), 4 g BST

ZUBEREITUNG

Für den Salat die Mango schälen, das Fruchtfleisch vom Kern lösen und in kleine Würfel schneiden. Die Gurke waschen, putzen und in kleine Würfel schneiden. Die Bohnen in einem Sieb abbrausen und abtropfen lassen.
Nun die Zwiebel schälen, in feine Würfel schneiden und mit dem restlichen Gemüse in einer Servierschüssel vermischen.
Für das Dressing die Minze waschen, trocken schütteln, die Blätter abzupfen und fein hacken. In einer kleinen Schüssel mit Öl, Limettensaft sowie den Gewürzen und dem Salz verquirlen, dann unter das Gemüse mengen. Final abschmecken und servieren.

Falafeln

VEGAN GLUTENFREI MEALPREP

ZUTATEN für 2 Portionen

220 g Kichererbsen (Glas, Abtropfgewicht)
½ TL Kreuzkümmelpulver
½ TL frisch geriebene Muskatnuss
1 TL edelsüßes Paprikapulver
frisch gemahlener Pfeffer
Salz
2 Stiele Koriander oder glatte Petersilie
1 EL Olivenöl

Nährwerte pro Portion:
Ca. 201 kcal, 8 g EW, 8 g F, 20 g KH (davon Zucker 2 g), 5 g BST

ZUBEREITUNG

Für die Falaffelnmasse die Kichererbsen in einem Sieb gründlich abbrausen und abtropfen lassen. In einem Mixbecher mit Gewürzen sowie Salz mithilfe eines Stabmixers fein pürieren. Die Kräuter waschen, trocken schütteln und die Blätter fein hacken. Unter die Falafelnmasse mengen.
Zum Formen aus der Falaffelnmasse mit den Händen gleich große Kugeln (etwas größer als Golfbälle) rollen.
Zum Garen in einer Pfanne etwas Olivenöl erhitzen und die Falafeln darin portionsweise jeweils einige Minuten rundherum goldbraun braten.

NICE TO KNOW
Dazu passt die Chilisauce (S. 35) – du brauchst also nicht zu zuckerhaltigen Fertigsaucen zu greifen. Und im Idealfall hast du noch Reste von der letzten Produktionsrunde! Diese Falafeln kannst du auch sehr gut einfrieren.

Zucchini-Shakshuka

VEGGIE GLUTENFREI LOW CARB

ZUTATEN für 2 Portionen

SHAKSHUKA

1 kleine rote Zwiebel
1 mittelgroße Zucchini
2 EL Olivenöl
400 g stückige Tomaten (Dose)
1 TL edelsüßes Paprikapulver
frisch gemahlener Pfeffer
Salz
4 Eier (Größe M)

ZUM SERVIEREN

½ Bund glatte Petersilie

Nährwerte pro Portion:
Ca. 315,1 kcal, 18 g EW, 22 g F, 9 g KH (davon Zucker 8 g), 4 g BST

ZUBEREITUNG

Für das Gemüse die Zwiebel schälen und in kleine Würfel schneiden. Die Zucchini waschen und in 1 cm große Würfel schneiden.
Das Öl in einer großen Pfanne erhitzen. Darin die Zwiebel kurz andünsten und die Zucchiniwürfel hinzufügen. Gemeinsam einige Minuten anbraten. Die stückigen Tomaten unter die Zucchini mischen und dickflüssig einkochen. Die Gewürze hinzufügen und alles mit Salz abschmecken.
Für die Eier mithilfe eines Esslöffels vier Mulden in die Sauce drücken. Jeweils 1 Ei hineinschlagen. Die Eier sanft 5 bis 10 Minuten in der Tomatensauce stocken lassen, dabei die Pfanne bei Bedarf mit dem Deckel verschließen.
Zum Servieren die Petersilie waschen, trocken schütteln und fein hacken. Sobald die Eier gestockt sind, mit der Petersilie bestreuen und heiß in der Pfanne auf den Tisch stellen.

MEHR ABWECHSLUNG

Unter die Tomatensauce kannst du für noch mehr Gemüseenergie zusätzlich klein gehackten Spinat oder Mangold mischen. Durch die Gewürze und die Petersilie schmeckt diese Shakshuka auch ohne zusätzliche Süße herrlich.

Tagliatelle mit Ofengemüse

VEGGIE BLITZREZEPT MEALPREP

ZUTATEN für 2 Portionen

OFENGEMÜSE

1 rote Zwiebel
1 Knoblauchzehe
150 g Zucchini
2 Tomaten
½ Bund Basilikum
100 g fettarmer Frischkäse (Fettgehalt 0,2–4 %)
1 EL Olivenöl
1 TL Chiliflocken
Salz
frisch gemahlener Pfeffer
2 TL edelsüßes Paprikapulver

PASTA

160 g Tagliatelle

AUSSERDEM

große Auflaufform

Nährwerte pro Portion:
Ca. 538 kcal, 18 g EW, 22 g F, 62 g KH (davon Zucker 6 g), 6 g BST

ZUBEREITUNG

Für das Ofengemüse den Backofen auf 180 °C Ober-/Unterhitze vorheizen. Die Zwiebel und den Knoblauch schälen. Die Zucchini und die Tomaten waschen sowie putzen, beides in grobe Stücke schneiden. Das Basilikum waschen und trocken schütteln, die Blätter abzupfen.
Das Gemüse mit dem Frischkäse in einer Auflaufform vermischen, mit Olivenöl beträufeln. Darüber reichlich Chiliflocken, Salz, Pfeffer und Paprikapulver streuen. Das Gemüse im Ofen (mittlere Schiene) etwa 25 Minuten backen.
Für die Pasta in einem großen Topf reichlich gesalzenes Wasser zum Kochen bringen. Die Nudeln darin nach Packungsanweisung bissfest garen. In ein Sieb abgießen und abtropfen lassen.
Für die Sauce das Gemüse aus dem Ofen nehmen und in einem Standmixer oder mit einem Stabmixer gemeinsam mit dem Basilikum fein pürieren.
Zum Servieren diese Sauce unter die Nudeln mischen und alles final mit Salz und Pfeffer abschmecken.

NICE TO KNOW

Wenn du das nächste Mal ein Verlangen nach Zucker verspürst, plane eine solche sättigende Mahlzeit mit Wohlfühlfaktor ein (herrlich cremige Sauce, dazu ebenso energiespendende Kohlenhydrate in Nudelform). Nach und nach kannst du außerdem den Saucenanteil erhöhen und/oder zu Vollkornnudeln greifen.

Linguine Napoli

VEGAN BLITZREZEPT MEALPREP

ZUTATEN für 4 Portionen

PASTA
Salz
500 g Dinkel-Linguine

SAUCE
1 rote Zwiebel
3 Knoblauchzehen
1 EL Olivenöl
500 g Kirschtomaten
3 EL Tomatenmark
Saft von 1 Bio-Zitrone
frisch gemahlener Pfeffer

ZUM SERVIEREN
½ Bund Basilikum

Nährwerte pro Portion:
Ca. 510 kcal, 17 g EW, 4 g F, 93 g KH (davon Zucker 5 g), 9 g BST

ZUBEREITUNG

Für die Pasta in einem großen Topf reichlich gesalzenes Wasser zum Kochen bringen. Die Nudeln darin nach Packungsanweisung bissfest garen. In ein Sieb abgießen, dabei 1 Kelle Nudelwasser auffangen, die Nudeln abtropfen lassen.

Für die Sauce inzwischen die Zwiebel und den Knoblauch schälen, beides in feine Würfel schneiden. In einer Pfanne das Olivenöl bei mittlerer Temperatur erhitzen. Darin Zwiebel- und Knoblauchwürfel glasig andünsten.

Die Tomaten waschen, halbieren und mit in die Pfanne mischen, unter Rühren in 3 bis 5 Minuten zerfallen lassen.

Dann Tomatenmark, Zitronensaft, Salz und Pfeffer in die Tomatensauce rühren. Erneut abschmecken und die abgetropften Nudeln samt etwas Nudelwasser untermischen.

Zum Servieren das Basilikum waschen, trocken schütteln, grob oder fein hacken und über die Pasta streuen.

NICE TO KNOW

Wenn du dieses Gericht 1 bis 2 Tage im Voraus zubereiten möchtest, achte darauf, dass die Nudeln sehr al dente garen. Der Sauce tun in dem Fall beim Erwärmen 1 bis 2 EL passierte Tomaten oder (vegane) Kochsahne gut, dann wird das Ganze nicht zu trocken.

Teriyaki-Hähnchen

GLUTENFREI BLITZREZEPT LOW CARB

ZUTATEN für 2 Portionen

500 g Brokkoli
2 Frühlingszwiebeln
1 rote Zwiebel
200 g Hähnchenbrustfilet
2 EL Rapsöl
2 EL Sesamsamen
2 EL glutenfreie Sojasauce
1 EL zuckereduzierte Teriyakisauce
Salz
frisch gemahlener Pfeffer

Nährwerte pro Portion:
Ca. 339 kcal, 34 g EW, 17 g F, 10 g KH (davon Zucker 7 g), 7 g BST

ZUBEREITUNG

Den Brokkoli waschen und in Röschen teilen. Den Strunk schälen und in dünne Scheiben schneiden.
In einem Topf in wenig Wasser bei mittlerer Temperatur zunächst die Strunkstücke, nach etwa 5 Minuten auch die Röschen dünsten, anschließend abgießen.
Für das Hähnchen die Frühlingszwiebeln putzen und in Röllchen schneiden, beiseitestellen. Die Zwiebel schälen und in feine Streifen schneiden. Das Hähnchenfleisch waschen, trocken tupfen und in dünne Streifen schneiden. Das Öl in einer Pfanne stark erhitzen, das Fleisch scharf unter stetigem Wenden darin anbraten, die Zwiebelstreifen hinzufügen. Dann den Brokkoli dazugeben und weitere 2 bis 3 Minuten kräftig anbraten.
In einer kleinen Schüssel 1 EL Sesamsamen, Soja- sowie Teriyakisauce verrühren, dann in die Pfanne gießen. Gut durchrühren und das Ganze bei verringerter Temperatur kurz köcheln lassen.
Zum Servieren die restlichen Sesamsamen (1 EL) und die Frühlingszwiebelröllchen darüberstreuen und heiß genießen.

NICE TO KNOW

Solch ein würziges Hauptgericht mit hohem Protein- und Ballaststoffanteil ist nicht nur gut für unsere Verdauung, sondern beugt gleichzeitig Heißhunger vor. Nur wer satt ist, braucht keine zuckrigen Verlockungen mehr!

Blumenkohlcurry

VEGAN GLUTENFREI MEALPREP

ZUTATEN für 2 Portionen

CURRY

500 g festkochende Kartoffeln
500 g Blumenkohl
1 rote Zwiebel
1 TL Kokosöl
400 g passierte Tomaten (Flasche)
100 ml heiße Gemüsebrühe
100 g fettarme Kokosmilch (Fettgehalt 13 %)
1 TL Zimtpulver
½ TL Kurkumapulver
1 TL Currypulver
frisch gemahlener Pfeffer
Salz

ZUM SERVIEREN

½ Bund glatte Petersilie

Nährwerte pro Portion:
Ca. 325 kcal, 10 g EW, 10 g F, 42 g KH (davon Zucker 11 g), 10 g BST

ZUBEREITUNG

Für das Curry die Kartoffeln schälen und in grobe Würfel schneiden. Den Blumenkohl waschen und in Röschen teilen. Die Zwiebel schälen und in kleine Würfel schneiden.

Das Kokosöl in einem Topf erhitzen und die Zwiebel darin anschwitzen. Sobald sie glasig ist, die Temperatur leicht reduzieren, die Kartoffelwürfel hinzufügen und einige Minuten andünsten.

Blumenkohl, passierte Tomaten, Brühe, Kokosmilch und Gewürze mit Salz hinzufügen. Alles gut verrühren und bei mittlerer Temperatur 20 bis 25 Minuten offen köcheln lassen, bis die Kartoffeln und der Blumenkohl gar sind.

Zum Servieren inzwischen die Petersilie waschen, trocken schütteln und fein hacken.

Das fertig gegarte Curry mit Salz und Pfeffer abschmecken, die Petersilie darüberstreuen und heiß genießen.

MEHR ABWECHSLUNG

Rosinen: Wenn du gern Süßes und Herzhaftes kombinierst, passen Rosinen hier wunderbar.

Kichererbsen: Erhöhe den Proteingehalt dieses Gerichts einfach mit 100 bis 200 g Kichererbsen (Dose, Abtropfgewicht).

Spinat: Oder ergänze das Curry ganz zum Schluss mit 1 bis 2 Handvoll frischem Babyspinat. Einfach unterrühren, kurz miterhitzen und schlemmen.

Thai-Bolognese

GLUTENFREI MEALPREP

ZUTATEN für 2 Portionen

PASTA

80 g Reisbandnudeln

SAUCE

½ (100 g) Zucchini
1 kleine (100 g) Möhre
1 rote Zwiebel
1 Knoblauchzehe
1 EL Sonnenblumenöl
250 g mageres Rinderhackfleisch
2 EL Tomatenmark
½ TL Sesamöl
50 ml glutenfreie Sojasauce
1 TL Sambal Oelek
1 TL Erythrit
Salz
frisch gemahlener Pfeffer

ZUM SERVIEREN

2–3 Stiele Koriander
1 EL Sesamsamen

Nährwerte pro Portion:
Ca. 571 kcal, 33 g EW, 29 g F, 44 g KH (davon Zucker 7 g), 5 g BST

ZUBEREITUNG

Für die Pasta im Wasserkocher 150 ml Wasser aufkochen. Die Reisbandnudeln in einer hitzebeständigen Schüssel damit überbrühen und 5 Minuten quellen lassen. Anschließend abgießen.

Für die Sauce die Zucchini waschen und putzen, die Möhre putzen und schälen. Beides halbieren und schräg in dünne Scheiben schneiden.

Die Zwiebel und den Knoblauch schälen, beides fein hacken.

In einer großen Pfanne das Öl stark erhitzen, Zwiebel und Knoblauch darin anbraten. Das Hackfleisch einrühren, die Gemüsescheiben hinzufügen und unter gelegentlichem Rühren mitbraten.

Wenn das Fleisch durchgängig gebräunt ist, Tomatenmark, Sesamöl, Sojasauce, Sambal Oelek, Erythrit und so viel Wasser unterrühren, dass dir die Konsistenz der Sauce gefällt. Die Reisbandnudeln hinzufügen, alles mit Salz und Pfeffer abschmecken. Zugedeckt etwa 15 Minuten köcheln lassen.

Zum Servieren inzwischen den Koriander waschen, trocken schütteln, die Blätter klein hacken. Die Thai-Bolognese mit den Nudeln auf Teller verteilen, mit Koriander und Sesamsamen bestreut genießen.

NICE TO KNOW

Die Thai-Bolognese kannst du gut, natürlich ohne die Reisbandnudeln, portionsweise einfrieren. Diese Sauce passt übrigens auch super zu Reis, Blumenkohlreis (im Standmixer zerkleinert) oder zu anderen Asia-Nudeln!

Hähnchen-One-Pot mit Reis

GLUTENFREI BLITZREZEPT

ZUTATEN für 4 Portionen

350 g Hähnchenbrustfilet
1 rote Zwiebel
1 Knoblauchzehe
1 rote Paprikaschote
1 EL Olivenöl
240 g Basmatireis
800 g stückige Tomaten (Dose)
400 ml heiße Gemüsebrühe
1 TL edelsüßes Paprikapulver, plus mehr zum Abschmecken
Salz
frisch gemahlener Pfeffer
100 g Erbsen (TK)

Nährwerte pro Portion:
Ca. 398 kcal, 29 g EW, 4 g F, 56 g KH (davon Zucker 7 g), 6 g BST

ZUBEREITUNG

Das Hähnchenfleisch waschen, trocken tupfen und in Würfel schneiden. Die Zwiebel und den Knoblauch schälen, beides in kleine Würfel schneiden. Die Paprikaschote waschen, von Samen und Kerngehäuse befreien, dann in Würfel schneiden.
In einem Topf das Olivenöl bei mittlerer Temperatur erhitzen. Die Zwiebel und den Knoblauch darin andünsten. Die restlichen Zutaten, außer den Erbsen, unterrühren und alles 15 Minuten köcheln lassen.
Die Erbsen hinzufügen, alles erneut gut durchrühren und den Eintopf weitere 10 bis 12 Minuten köcheln lassen.
Vor dem Servieren mit Salz, Pfeffer und Paprikapulver abschmecken.

MEHR ABWECHSLUNG

Variiere beim Gemüse einfach nach Lust und Laune. Wie wäre es mit Mais und roten Bohnen oder Brokkoli und Mais? Schön süßlich schmecken auch Süßkartoffeln!

Ofenschnitzel

MEALPREP

ZUTATEN für 4 Portionen

4 Scheiben Kalbsschnitzel,
1 cm dünn geschnitten
2 Eier (Größe M)
1 TL Salz
5 EL Öl
1 TL edelsüßes Paprikapulver
50 g Mehl
80 g Paniermehl

AUSSERDEM

Backblech
Backpapier

Nährwerte pro Portion:
Ca. 385 kcal, 33 g EW, 17 g F, 25 g KH (davon Zucker 2 g), 2 g BST

ZUBEREITUNG

Den Backofen auf 220 °C Ober-/Unterhitze vorheizen. Das Backblech mit Backpapier belegen.

Die Schnitzel waschen, trocken tupfen und gründlich klopfen. Dann erneut mit Küchenpapier trocken tupfen.

Zum Panieren in einem tiefen Teller die Eier mit Salz verquirlen, in einer kleinen Schüssel das Öl mit dem Paprikapulver glatt vermischen. In zwei weitere tiefe Teller das Mehl und das Paniermehl füllen.

Die Schnitzel zuerst im Mehl wenden, dann im verquirlten Ei und anschließend im Paniermehl. Die so panierten Schnitzel auf einem Backblech mit Backpapier verteilen. Dort mit dem Paprikaöl beträufeln.

Zum Garen die Schnitzel 10 Minuten im Ofen (obere Schiene) goldbraun backen, dann wenden und erneut mit Öl beträufeln. Weitere 10 Minuten im Ofen backen.

Dazu passt Blumenkohl, Pellkartoffeln, Bratkartoffeln, Spiegelei, Gurkensalat, Zitronenspalten …

NICE TO KNOW

Wenn sich nach der Hälfte der Backzeit zu viel Öl auf dem Backpapier gesammelt haben sollte, tupfe es mit einem Stück Küchenpapier einfach ab. Die Schnitzel lassen sich übrigens gut panieren und dann später braten. Außerdem schmecken sie mir tatsächlich auch kalt: in Streifen geschnitten als Salattopping.

Fischstäbchen in Cornflakes-Panade

GLUTENFREI MEALPREP

ZUTATEN für 2 Portionen

300 g Seelachsfilet, ohne Haut
2 EL Zitronensaft
Salz
frisch gemahlener Pfeffer
5 EL Mehl
2 Eier (Größe M)
60 g ungezuckerte glutenfreie Cornflakes
Rapsöl, zum Ausbacken

Nährwerte pro Portion:
Ca. 523 kcal, 41 g EW, 20 g F, 42 g KH (davon Zucker 1 g), 2 g BST

ZUBEREITUNG

Das Fischfilet waschen, trocken tupfen und in etwa 3 cm breite Streifen schneiden. Mit Zitronensaft beträufeln, reichlich mit Salz und Pfeffer bestreuen.

Zum Panieren drei tiefe Teller bereitstellen, der erste mit Mehl, der zweite mit verquirlten Eiern, der dritte mit Cornflakes. Diese mit den flachen Händen etwas kleiner zerbröseln, dann halten sie besser an der Panade. Zum Panieren jedes Filetstück zunächst in Mehl, dann in Ei und zum Schluss in den Cornflakes wenden.

Zum Garen inzwischen schon eine große Pfanne mit Öl bei mittlerer Temperatur erhitzen. Die Fischstäbchen darin goldbraun von beiden Seiten ausbraten.

Dazu passt Kartoffelpüree, wie wir es aus der Kindheit kennen, aus Blumenkohl als Low-Carb-Variante. Oder serviere dazu Pellkartoffeln, gebratene Petersilienkartoffeln oder selbst gemachte Pommes, mit ganz wenig Öl im Ofen gebraten. Auch Gurkensalat schmeckt lecker dazu.

MEHR ABWECHSLUNG

Du kannst die Fischstäbchen auch (mit viel weniger Fett) im Backofen zubereiten! Dazu die fertig panierten Fischstäbchen auf einem Backblech mit Backpapier mit Öl besprühen und bei 210 °C Ober-/Unterhitze 12 bis 15 Minuten im Ofen (mittlere Schiene) garen.

Schlemmerfilet mit Brokkoli

GLUTENFREI LOW CARB

ZUTATEN für 4 Portionen

4 Seelachsfilets (à 125 g), ohne Haut
150 g Brokkoli
30 g Walnusskerne
40 g Parmesan
1 EL Zitronensaft
1 EL weiche fettarme Butter
(Fettgehalt 39 %)
2 EL fettarmer Frischkäse
(Fettgehalt 0,2–4 %)
1 EL Kräuter der Provence
Salz
frisch gemahlener Pfeffer

AUSSERDEM

Auflaufform
Backpapier

Nährwerte pro Portion:
Ca. 244 kcal, 31 g EW, 13 g F, 2 g KH (davon Zucker 1 g), 1 g BST

ZUBEREITUNG

Den Backofen auf 175 °C Ober-/Unterhitze vorheizen. Die Auflaufform mit Backpapier auslegen.

Die Fischfilets waschen, trocken tupfen und nebeneinander in die Auflaufform legen.

Für die „Schlemmerschicht“ die restlichen Zutaten in einem Standmixer oder mithilfe eines Stabmixers zerkleinern und die Paste gleichmäßig auf den Fischfilets verteilen. Diese Schlemmerfilets etwa 40 Minuten im Ofen (mittlere Schiene) goldbraun backen.

Dazu passt ein mit Fixer Vinaigrette (S. 30) angemachter grüner Salat oder die Beilagen, die ich dir bei den Fischstäbchen empfehle (S. 138)!

MEHR ABWECHSLUNG

Anstatt Seelachsfilet kannst du hier auch sehr gut Kabeljau oder sogar Lachsfilet verwenden. Dieses Gericht ersetzt wunderbar das ein oder andere Fertiggericht aus dem TK-Bereich: mit frischen Produkten und ohne all die unerwünschten Zugaben wie Stabilisatoren oder versteckte Zucker.

HEISS & KALT

Getränke

Das Thema Getränke ist für eine zuckerfreie Ernährung unheimlich wichtig, denn über diese nimmst du, wenn du nicht aufpasst, nebenbei wirklich große Zuckermengen zu dir. Aber keine Sorge, es gibt ab jetzt sicher nicht nur noch Wasser. In diesem Kapitel habe ich selbst gemachte Limonaden, Eistee, Sirup für tolle Eigenkreationen und leckere Heißgetränke für dich. Und „infused" schmeckt Wasser alles andere als langweilig.

Infused Water

VEGAN GLUTENFREI BLITZREZEPT MEALPREP

ZUBEREITUNG

Sämtliche Zutaten waschen, putzen und wie bei den Varianten erklärt zuschneiden.
Je nach Variante Früchte, Kräuter und Gewürze in einen großen Krug füllen. Um den Kräutern mehr Aroma zu entlocken, kannst du sie erst ein bisschen mithilfe eines Holzlöffels zerdrücken, dann mit dem Wasser aufgießen.
Vor dem Servieren das Wasser mindestens 20 Minuten (besser 1 Stunde!) ziehen lassen. Es hält sich bis zu 1 Tag im Kühlschrank. Zum Servieren kannst du einige Eiswürfel hinzufügen. Und dann: einfach genießen!

Erdbeere, Zitrone & Basilikum

ZUTATEN für 1 l

6 Erdbeeren, geputzt und in Scheiben geschnitten
1 Bio-Zitrone, heiß abgewaschen und in Scheiben geschnitten
3 Stiele Basilikum
… aufgegossen mit 1 l kaltem Wasser

Kiwi, Passionsfrucht & Minze

ZUTATEN für 1 l

2 Kiwis, geschält und in Scheiben geschnitten
1 Passionsfrucht, ausgekratzt
3 Stiele Minze
… aufgegossen mit 1 l kaltem Wasser

Mango, Kokosnuss & Limette

ZUTATEN für 1 l

100 g Mango, gewürfelt
80 g frische Kokosnuss-Stückchen
1 Bio-Limette, heiß abgewaschen und in Scheiben geschnitten
… aufgegossen mit 1 l kaltem Wasser

Apfel, Ingwer & Zimt

ZUTATEN für 1 l

1 Apfel, vom Kerngehäuse befreit
15 g Ingwer, geschält, beides in dünne Scheiben geschnitten
2 Stangen Zimt
… aufgegossen mit 1 l kaltem Wasser

KIWI, PASSIONSFRUCHT & MINZE

PERFEKTER HEISSHUNGER-LÖSCHER

Aromatisiertes Wasser habe ich gern im Kühlschrank auf Vorrat – wenn ich mal Lust auf etwas Süßlich-Frisches habe, greife ich erst einmal zu einem Glas davon. Die Nährwerte sind so minimal, dass sie hier nicht angegeben werden.

Holunderblütensirup

VEGAN GLUTENFREI MEALPREP

ZUTATEN für ca. 600 ml

220 g Pudererythrit
20 g Zitronensäure (Lebensmittelqualität) oder Saft von 1 großen Zitrone
1 TL Apfel-Pektin
15 Holunderblütendolden
1 Bio-Zitrone

AUSSERDEM

Schraubflasche à 600 ml

Nährwerte pro Portion (50 ml): Ca. 6 kcal, 0 g EW, 0 g F, 18 g KH (davon Zucker 0 g), 0 g BST

ZUBEREITUNG

In einem Topf 500 ml Wasser aufkochen, dabei Pudererythrit, Zitronensäure und Apfel-Pektin einrühren. Die Dolden vorbereiten wie unten im Tipp beschrieben. Die Zitrone heiß waschen und in Scheiben schneiden. Die Flüssigkeit leicht abkühlen lassen und dann die Dolden sowie die Zitronenscheiben in den Sud legen.

Zum Durchziehen den Sirup zugedeckt zimmerwarm 24 Stunden ruhen lassen und anschließend durch ein Tuch oder feines Sieb abfiltern.

Zum Aufbewahren den Sirup in eine sterilisierte Flasche (Tipp S. 28), am besten eine Flasche mit breitem Hals und einem luftdichten Verschluss, abfüllen. Im Kühlschrank aufbewahrt, hält sich dieser eingekochte zuckerfreie Sirup angebrochen 4 bis 5 Tage, verschlossen mehrere Wochen.

Für 1 Glas Limonade (à 250 ml) 40 bis 80 ml Sirup (je nachdem, wie süß und intensiv du es magst) in ein Glas füllen, Eiswürfel hinzufügen und das Glas mit Wasser oder Soda auffüllen. Den Sirup vor Gebrauch immer gut schütteln!

NICE TO KNOW

- Apfel-Pektin hat eine bindende Wirkung, sodass sich hier eine ähnliche Konsistenz wie bei einem echten Zuckersirup ergibt.
- Die Holunderblütendolden bitte vorher NICHT waschen, sonst verlierst du auch die Pollen und damit das gute Aroma. Stell sie vorher einige Zeit in den Schatten und klopf sie nur ganz leicht aus, damit Tierchen verschwinden.

Hugo

GLUTENFREI BLITZREZEPT

ZUTATEN für 1 Glas (à 200 ml)

50 ml Mineralwasser
150 ml trockener Sekt
20 ml Holunderblütensirup (S. 146)
1 Spritzer Limettensaft
3 Blätter Minze
Eiswürfel
1 Bio-Limettenscheibe

Nährwerte pro Portion:
Ca. 135 kcal, 0 g EW, 0 g F, 27 g KH (davon Zucker 8 g), 0 g BST

ZUBEREITUNG

Sämtliche Zutaten in der angegebenen Reihenfolge in ein dickbauchiges Stielglas füllen, mit 1 Limettenscheibe garnieren und eiskalt servieren.

NICE TO KNOW

Es gibt mittlerweile zuckerfreies Gingerale, anstelle vom Sekt kannst du das perfekt für alkoholfreien Hugo nutzen. Natürlich geht auch alkoholfreier Sekt oder eine Mischung aus Sekt und Gingerale.

Holunderbeeren-sirup

VEGAN GLUTENFREI MEALPREP

ZUTATEN für 500 ml

600 g Holunderbeeren
400 g Birkenzucker
Saft von 1 Bio-Zitrone

AUSSERDEM

Schraubflasche à 500 ml

Nährwerte pro Portion (50 ml):
Ca. 117 kcal, 1 g EW, 1 g F, 43 g KH (davon Zucker 2 g), 0 g BST

ZUBEREITUNG

Die Holunderbeeren in einem Topf mit Wasser auffüllen, sodass sie bedeckt sind. Erhitzen und 5 Minuten kochen.
Zum Passieren die Mischung durch ein feines Sieb in eine Schüssel abgießen, die Beeren mithilfe eines Esslöffels durch das Sieb drücken. Restliche feste Bestandteile entsorgen.
Zum Fertigstellen das Holunderwasser mit dem Birkenzucker wieder in den Topf füllen und 5 Minuten kochen lassen, bis sich der Birkenzucker aufgelöst hat. Den Zitronensaft einrühren.
Zum Aufbewahren den Sirup in eine sterilisierte Flasche (Tipp S. 28), am besten eine Flasche mit breitem Hals und einem luftdichten Verschluss, abfüllen. Im Kühlschrank aufbewahrt, hält er sich angebrochen 4 bis 5 Tage, verschlossen mehrere Wochen.

Waldmeistersirup

VEGAN GLUTENFREI MEALPREP

ZUTATEN für 1 l

½ Bio-Zitrone
400 g Birkenzucker
1 Bund Waldmeister (ca. 50 g)

AUSSERDEM

Schraubglas à 1 l
Schraubflaschen für insgesamt 1 l

Nährwerte pro Portion (50 ml):
Ca. 47 kcal, 0 g EW, 0 g F, 20 g KH (davon Zucker 0 g), 0 g BST

ZUBEREITUNG

Die Zitrone heiß abwaschen und in Scheiben schneiden. In einem Topf 750 ml Wasser aufkochen, den Birkenzucker einrühren und unter Rühren auflösen. Vom Herd nehmen, Zitronenscheiben und Waldmeister unterrühren.
Zum Durchziehen den Sirup in ein großes, sterilisiertes Glas (Tipp S. 28) umfüllen und bedeckt im Kühlschrank 3 Tage ruhen lassen.
Zum Aufbewahren den Sirup durch ein Sieb in sterilisierte Flaschen (Tipp S. 28), am besten Flaschen mit breitem Hals und einem luftdichten Verschluss, abfüllen. Im Kühlschrank aufbewahrt, hält er sich angebrochen 4 bis 5 Tage, verschlossen mehrere Wochen.

Himbeersirup

VEGAN GLUTENFREI MEALPREP

ZUTATEN für 600 ml

600 g Himbeeren
ca. 300 g Birkenzucker
120 ml Zitronensaft

AUSSERDEM
Schraubflaschen à ca. 600 ml

Nährwerte pro Portion (50 ml):
Ca. 82 kcal, 0 g EW, 0 g F, 28 g KH
(davon Zucker 3 g), 1 g BST

ZUBEREITUNG

Für den Himbeersaft die Himbeeren waschen und mit 300 ml Wasser in einen Topf füllen. Bei mittlerer Temperatur gemeinsam 10 Minuten köcheln lassen. Die gegarten Früchte durch ein feines Sieb oder Tuch passieren.
Für den Sirup die Saftmenge abmessen und nach Belieben die gleiche Menge Birkenzucker zum Saft mischen (oder etwas weniger nehmen, wenn es weniger süß werden soll).
Die Flüssigkeit wieder in den Topf gießen, den Zitronensaft unterrühren und alles 1 Minute aufkochen lassen.
Zum Aufbewahren den Sirup in eine sterilisierte Flasche (Tipp S. 28), am besten eine Flasche mit breitem Hals und einem luftdichten Verschluss, abfüllen. Im Kühlschrank aufbewahrt, hält er sich angebrochen 4 bis 5 Tage, verschlossen mehrere Wochen.

Zitronen-Ingwer-Sirup

VEGAN GLUTENFREI MEALPREP

ZUTATEN für 500 ml

250 ml Zitronensaft
500 g Birkenzucker
50 g Bio-Ingwer

AUSSERDEM
Schraubglas à 500 ml
Schraubflasche à 500 ml

Nährwerte pro Portion (50 ml):
Ca. 128 kcal, 0 g EW, 0 g F, 50 g KH
(davon Zucker 0,5 g), 0 g BST

ZUBEREITUNG

Für den Sirup in einem Topf 250 ml Wasser erhitzen, Zitronensaft und Birkenzucker einrühren und etwa 10 Minuten bei mittlerer Temperatur einkochen lassen. Den Sirup vollständig abkühlen lassen.
Ingwer ungeschält in dünne Scheiben schneiden und in den Sirup rühren. In ein Schraubglas gießen und 24 Stunden im Kühlschrank durchziehen lassen.
Zum Aufbewahren den Sirup durch ein feines Sieb abseihen und in eine sterilisierte Flasche (Tipp S. 28) abfüllen. Im Kühlschrank aufbewahrt, hält er sich angebrochen 4 bis 5 Tage, verschlossen mehrere Wochen.

Zitronenlimonade

VEGAN GLUTENFREI BLITZREZEPT

ZUTATEN für ca. 1,2 l

4 Bio-Zitronen
80–100 g Birkenzucker
Eiswürfel

Nährwerte pro Portion (200 ml):
Ca. 55 kcal, 0 g EW, 0 g F, 18 g KH (davon Zucker 1 g), 0,5 g BST

ZUBEREITUNG

Für die Limonadenbasis die Zitronen heiß abwaschen, 3 davon vierteln, die 4. Zitrone in Scheiben schneiden.
Die Zitronenviertel samt Schale mit dem Birkenzucker und 500 ml Wasser in einem Standmixer oder mit einem Stabmixer auf höchster Stufe 2 Minuten fein pürieren.
Zum Fertigstellen erneut 500 ml Wasser eingießen und noch einmal mixen, die Mischung durch ein feines Sieb in eine Karaffe gießen.
Zum Servieren die Eiswürfel sowie die Zitronenscheiben hinzufügen. Sofort eiskalt genießen.

Himbeer-Limetten-Limonade

VEGAN GLUTENFREI

ZUTATEN für ca. 1,2 l

4 Bio-Limetten
300 g Himbeeren
ca. 50 g Birkenzucker
Eiswürfel

Nährwerte pro Portion (200 ml):
Ca. 64 kcal, 1 g EW, 1 g F, 14 g KH (davon Zucker 6 g), 2 g BST

ZUBEREITUNG

Für die Limonade die Limetten heiß abwaschen, 3 davon auspressen, die letzte in Scheiben schneiden. Die Himbeeren waschen, trocken tupfen und mit einer Gabel leicht zerdrücken. Mit Limettensaft, Limettenspalten und 1 l Wasser in einen Krug füllen.
Verrühren und die Limonade im Kühlschrank mindestens 1 Stunde ziehen lassen. Nach Bedarf mit Birkenzucker nachsüßen.
Zum Servieren Gläser mit Eiswürfeln füllen, Limonade eingießen und eiskalt genießen.

Orangenlimonade

VEGAN GLUTENFREI BLITZREZEPT

ZUTATEN für ca. 1,2 l

4 Bio-Orangen
80–100 g Birkenzucker
Eiswürfel

Nährwerte pro Portion (200 ml):
Ca. 75 kcal, 0 g EW, 0 g F, 23 g KH (davon Zucker 6 g), 2 g BST

ZUBEREITUNG

Für die Limonadenbasis die Orangen heiß abwaschen, 3 davon vierteln, die 4. in Scheiben schneiden. Die Orangenviertel samt Schale mit dem Birkenzucker und 500 ml Wasser wie den Zitronenlimo-Ansatz auf Seite 152 pürieren.
Zum Fertigstellen erneut 500 ml Wasser eingießen und noch einmal mixen, die Mischung durch ein feines Sieb in eine Karaffe gießen.
Zum Servieren die Eiswürfel sowie die Orangenscheiben hinzufügen. Sofort eiskalt genießen.

Mango-Pfefferminz-Eistee

VEGAN GLUTENFREI MEALPREP

ZUTATEN für ca. 1 l

1 Bio-Zitrone
½ Bio-Apfel (gern säuerliche Sorte)
2 Mangos
½ Bund Minze, plus 2 Stiele zum Servieren
1 Beutel Grüntee
Eiswürfel

Nährwerte pro Portion (200 ml):
Ca. 70 kcal, 0 g EW, 0 g F, 13 g KH (davon Zucker 13 g), 2 g BST

ZUBEREITUNG

Für den Tee die Zitrone heiß waschen, achteln und die Kerne entfernen. Den Apfel waschen, vierteln und vom Kerngehäuse befreien. Anschließend klein schneiden. Die Mangos schälen und den Kern herauslösen, das Fruchtfleisch klein schneiden. Die Minze waschen und trocken schütteln.
In einem Wasserkocher 1 l Wasser aufkochen. Die Hälfte der Mangos mit Zitrone, Apfel, Minze und Grüntee in eine Kanne füllen und mit dem heißen Wasser übergießen.
Den Teebeutel nach etwa 5 Minuten herausnehmen und den Tee zuerst auf Zimmertemperatur auskühlen lassen, anschließend über Nacht in den Kühlschrank stellen, damit er schön durchkühlen kann.
Zum Servieren den Eistee abseihen und in Gläser füllen. Die restliche Mango und noch 2 Stiele Minze hinzufügen, mit Eiswürfeln auffüllen und eiskalt genießen.

Pfirsich-Eistee

VEGAN GLUTENFREI

ZUTATEN für ca. 1 l

4 Pfirsiche
3 Beutel Rooibos-Tee
10 Eiswürfel
2 Stiele Minze

Nährwerte pro Portion (200 ml):
Ca. 39 kcal, 0 g EW, 0 g F, 8 g KH (davon Zucker 7 g), 1 g BST

ZUBEREITUNG

Für den Tee die Pfirsiche waschen, 3 davon entsteinen und in kleine Stücke schneiden. Den 4. Pfirsich erst kurz vor dem Servieren entsteinen und in Spalten schneiden.
In einem Wasserkocher 1 l Wasser aufkochen, in einer Kanne damit die Teebeutel übergießen. Die Pfirsichstücke hinzufügen und alles 15 Minuten ziehen lassen.
Die Teebeutel entfernen und den Tee abkühlen lassen – zuerst auf Raumtemperatur und anschließend am besten im Kühlschrank.
Zum Servieren die Pfirsichstücke herausnehmen. Den Tee mit reichlich Eiswürfeln, den frisch aufgeschnittenen Pfirsichspalten und der Minze in eine Karaffe füllen. Den Pfirsich-Eistee eiskalt genießen.

Zitronen-Eistee

VEGAN GLUTENFREI

ZUTATEN für ca. 1 l

4 TL Schwarzteeblätter
3 Bio-Zitronen
80 g Birkenzucker
2 Stiele Minze
20 Eiswürfel

Nährwerte pro Portion (200 ml):
Ca. 39 kcal, 0 g EW, 0 g F, 14 g KH (davon Zucker 0,5 g), 0 g BST

ZUBEREITUNG

Für den Tee in einem Wasserkocher 1 l Wasser aufkochen, in einer Kanne damit den Tee übergießen. 3 Minuten ziehen lassen, anschließend durch ein Teesieb in eine Karaffe gießen.
Die Zitronen heiß abwaschen und 2 davon auspressen. Den Zitronensaft mit dem Birkenzucker in den Tee rühren, bis der Birkenzucker sich aufgelöst hat. Dann die Eiswürfel hinzufügen, so wird der Schwarztee abgeschreckt und schmeckt nicht bitter. Anschließend noch etwa 30 Minuten kalt stellen.
Zum Servieren die restliche Zitrone in Scheiben schneiden, die Minze waschen und beides mit in die Karaffe füllen. Den Zitronen-Eistee eiskalt genießen.

NICE TO KNOW

Die Minzblätter vor dem Hinzufügen zum Eistee durch Klatschen etwas zwischen den Handflächen andrücken – so entfaltet sich das Minzaroma besser.

Chai-Latte-Sirup

VEGGIE GLUTENFREI BLITZREZEPT

ZUTATEN für ca. 300 ml

8 grüne Kardamomkapseln
1 TL frisch geriebene Muskatnuss
8 schwarze Pfefferkörner
2 Zimtstangen
12 Gewürznelken
1 Vanilleschote, aufgeschlitzt
5 g Ingwerpulver
1 Prise Anispulver
je 4 EL Honig & Schwarzteeblätter

AUSSERDEM
Schraubflasche à 300 ml

Nährwerte pro Portion (50 ml):
Ca. 41 kcal, 0 g EW, 0 g F, 10 g KH
(davon Zucker 10 g), 0 g BST

ZUBEREITUNG

Für den Sirup sämtliche Gewürze in einem Topf ohne Fett kurz anrösten. Den Honig darüber verteilen und leicht karamellisieren lassen.
Das Ganze mit 500 ml Wasser ablöschen, die Teeblätter hinzufügen und einmal kräftig umrühren.
Den Sirup bei mittlerer Temperatur ohne Deckel etwa 20 Minuten auf 300 ml einkochen lassen.
Zum Aufbewahren den Sirup durch ein Sieb in eine sterilisierte Flasche (Tipp S. 28) füllen und im Kühlschrank aufbewahren. Er hält sich dort ungeöffnet mehrere Wochen.

Chai Latte

VEGGIE GLUTENFREI BLITZREZEPT

ZUTATEN für 1 Portion
200 ml Milch oder ungesüßter Pflanzendrink
50 ml Chai-Latte-Sirup (s. oben)
1 Prise Zimtpulver

AUSSERDEM
Milchschäumer

Nährwerte pro Portion (250 ml):
Ca. 283 kcal, 7 g EW, 7 g F, 47 g KH
(davon Zucker 46 g), 0 g BST

ZUBEREITUNG

Für den Chai Latte die Milch aufschäumen. Den Sirup mit der Hälfte des Milchschaums verrühren und in einen Becher oder ein großes hitzebeständiges Glas gießen. Den Becher mit Milchschaum aufgießen
Zum Servieren etwas Zimtpulver obendrauf stäuben. Sofort genießen.

Pumkin-Spice-Latte

VEGGIE GLUTENFREI BLITZREZEPT

ZUTATEN für 2 Portionen

400 ml Milch oder ungesüßter Pflanzendrink
2 EL Kürbispüree (S. 102)
1–2 EL Ahornsirup
2 TL Pumpkin Spice (S. 29)
40 ml frisch gebrühter Espresso

ZUM SERVIEREN

Schlagsahne
Zimtpulver

Nährwerte pro Portion (230 ml):
Ca. 211 kcal, 8 g EW, 12 g F, 17 g KH (davon Zucker 17 g), 1 g BST

ZUBEREITUNG

Für den Latte von der Milch 100 ml beiseitestellen. Restliche Milch (300 ml), Kürbispüree, Ahornsirup und Pumpkin Spice in einem kleinen Topf zum Kochen bringen. Dann bei niedriger Temperatur etwa 5 Minuten köcheln lassen. Die Kürbismilch auf zwei Becher aufteilen, in jede Portion je die Hälfte vom Espresso unterrühren.
Dann die restliche Milch (100 ml) aufschäumen und auf die Becher verteilen.
Zum Servieren das Ganze noch mit etwas Schlagsahne und je 1 Prise Zimtpulver toppen.

Heiße Schokolade

VEGAN GLUTENFREI BLITZREZEPT

ZUTATEN für 2 Portionen

4 Medjool-Datteln
500 ml ungesüßter Mandeldrink
3 EL Kakaopulver

OPTIONAL ZUM SERVIEREN
Kakaopulver

Nährwerte pro Portion (275 ml):
Ca. 121 kcal, 3 g EW, 4 g F, 14 g KH (davon Zucker 14 g), 5 g BST

ZUBEREITUNG

Für die heiße Schokolade die Datteln entsteinen und klein schneiden. Sämtliche Zutaten in einem Topf erhitzen und bei mittlerer Temperatur etwa 10 Minuten köcheln lassen. Die Mischung mithilfe eines Stabmixers pürieren und in Becher oder Tassen füllen.
Zum Servieren kannst du die heiße Schokolade noch mit je 1 Prise Kakaopulver toppen.

NICE TO KNOW
Für winterliche Kakaoaromen gibst du einfach ½ TL Zimtpulver, Lebkuchen- oder Spekulatiusgewürz pro Tasse dazu.

Kinderpunsch

VEGAN GLUTENFREI BLITZREZEPT

ZUTATEN für 2 l

2 Bio-Orangen
600 ml naturtrüber Apfelsaft
4 Sternanis
2 Zimtstangen
1 EL Gewürznelken
6 Beutel Früchtetee

Nährwerte pro Portion (200 ml):
Ca. 34 kcal, 0 g EW, 0 g F, 8 g KH
(davon Zucker 7 g), 0 g BST

ZUBEREITUNG

Für den Kinderpunsch die Orangen heiß abwaschen und in Scheiben schneiden, Kerne dabei entfernen.
In einem Topf 1,5 l Wasser zum Kochen bringen und Apfelsaft, Gewürze, Teebeutel sowie die Orangenscheiben hinzufügen, gründlich durchrühren.
Den Punsch bei mittlerer Temperatur etwa 10 Minuten köcheln lassen.
Zum Servieren die Teebeutel und die Gewürze herausfischen. Den Punsch heiß (Achtung bei kleineren Kindern) in Henkeltassen genießen.

Rezeptverzeichnis

A

Apfel
- Apfel-Streuselkuchen 106
- Apfelmus-Cheesecake 104
- Ausgebackene Apfelringe 82
- Beeren-Pancakes 56
- Bircher-Müsli 50
- Fruchtmus Apfel & Zimt 41
- Infused Water Apfel, Ingwer & Zimt 144
- Kinderpunsch 161
- Bratapfel-ONO 48

Arme Ritter mit Kirschen 64
Asia-Salat mit Vollkornnudeln 116

Avocado
- Guacamole 38
- Sushi-Salat mit Garnelen 114

B

Bananen
- Bananenbrot 98
- Frühstücks-Auflauf 57
- Kirsch-Joghurt-Muffins 92
- Nougat-Bananen-Kuchen 110

Beeren
- Beeren-Pancakes 56
- Fruchtmus Rhabarber & Erdbeere 41
- Frühstücks-Auflauf 57
- Himbeer-Limetten-Limonade 152
- Himbeerrolle mit Kakao 100
- Himbeersirup 150

Bircher-Müsli 50
Birne & Rosine, Fruchtmus 41
Blondies, Kürbis- 102
Blumenkohlcurry 130

Bohnen
- Mango-Bohnen-Salat 120

Bolognese, Thai- 132
Briochezopf 60

Brokkoli
- Schlemmerfilet mit Brokkoli 140
- Teriyaki-Hähnchen 128

Burger-Sauce 33

C

Cashewkerne
- Energy Balls Mango & Kokos 73
- Energy Balls Pistazien-Energie 73

Chai Latte 158
Chai-Latte-Sirup 158
Cheesecake, Apfelmus 104
Cheesecakes am Stiel 94
Chilisauce 35
Cookies, Dinkel-, mit Schokostückchen 68

Cranberrys
- Energy Balls Pistazien-Energie 73

Curry, Blumenkohl- 130

D

Datteln
- Dattel-Haselnuss-Creme 43
- Energy Balls Coffee Energy 73
- Energy Balls Pistazien-Energie 73
- Energy Balls Schoko-Hasel-Traum 73
- Erdnusspralinen mit Meersalz 84

Dinkelcookies mit Schokostückchen 68
Dinkelwaffeln mit Skyr 52

Dips
- Burger-Sauce 33
- Fetadip 38
- Guacamole 38
- Hummus Grundrezept 36
- Ketchup 32
- Knoblauchdip 39
- Zitronen-Hummus 36

Dressings
- Fixe Vinaigrette 30
- Joghurt-Dressing 31

E

Edamame-Snack 89

Eistee
- Mango-Pfefferminz 154
- Pfirsich 156
- Zitrone 156

Energy Balls
- Coffee Energy 73
- Grundrezept 72
- Mango-Kokos-Balls 73
- Pistazien-Energie 73
- Schoko-Hasel-Traum 73

Erdbeeren
- Fruchtmus Rhabarber & Erdbeere 41
- Infused Water Erdbeere, Zitrone & Basilikum 144
- Erdbeer-ONO 47

Erdnüsse
- Erdnusspralinen mit Meersalz 84
- Thai-Nudelsalat mit Hähnchen 118

Espresso
- Energy Balls Coffee Energy 73
- Himbeerrolle mit Kakao 100
- Pumpkin-Spice-Latte 159

F

Falafeln 121
Fetadip 38

Fisch
- Fischstäbchen in Cornflakes-Panade 138
- Schlemmerfilet mit Brokkoli 140

Frühstücks-Auflauf 57

Frischkäse
- Apfelmus-Cheesecake 104
- Cheesecakes am Stiel 94
- Lebkuchenpralinen 86
- Overnight Oats Erdbeer-ONO 47
- Rüblischnitten mit Frosting 96

Fruchtmus
- Apfel & Zimt 41
- Birne & Rosine 41
- Grundrezept 40
- Rhabarber & Erdbeere 41
- Rhabarber & Vanille 41
- würzige Pflaumen 41

G

Garnelen
- Sushi-Salat mit Garnelen 114

Gemüsebrühpaste 28
Gemüsewaffeln mit Kräuterdip 54
Granola 51
Guacamole 38

Gurke
- Asia-Salat mit Vollkornnudeln 116
- Mango-Bohnen-Salat 120
- Sushi-Salat mit Garnelen 114
- Thai-Nudelsalat mit Hähnchen 118

H

Haferflocken
- Bananenbrot 98
- Bircher-Müsli 50
- Frühstücks-Auflauf 57
- Granola 51
- Müslistangen 58
- Bratapfel-ONO 48
- Erdbeer-ONO 47
- Overnight Oats Grundrezept 46
- Lebkuchen-ONO 48
- Rhabarber-Vanille-ONO 47

Hähnchenfleisch
- Hähnchen-One-Pot mit Reis 134
- Teriyaki-Hähnchen 128
- Thai-Nudelsalat mit Hähnchen 118

Haselnüsse
- Dattel-Haselnuss-Creme 43
- Energy Balls Schoko-Hasel-Traum 73
- Müslistangen 58
- Nuss-Nougat-Creme 42

Holunder
- Holunderbeerensirup 148
- Holunderblütensirup 146
- Hugo 147

Hummus Grundrezept 36
Zitronen-Hummus, Zitronen- 36

I

Infused Water
- Apfel, Ingwer & Zimt 144
- Erdbeere, Zitrone & Basilikum 144
- Kiwi, Passionsfruch & Minze 144
- Mango, Kokosnuss & Limette 144

Ingwer
- Infused Water mit Apfel, Ingwer & Zimt 144
- Zitronen-Ingwer-Sirup 150

J

Joghurt
- Beeren-Pancakes 56
- Bircher-Müsli 50
- Burger-Sauce 33
- Fetadip 38
- Gemüsewaffeln mit Kräuterdip 54
- Joghurt-Dressing 31
- Kirsch-Joghurt-Muffins 92
- Knoblauchdip 39
- Bratapfel-ONO 48
- Erdbeer-ONO 47
- Overnight Oats Grundrezept 46
- Lebkuchen-ONO 48
- Rhabarber-Vanille-ONO 47
- Schokoschnitten mit Quarkcreme 80

K

Kartoffeln
- Blumenkohlcurry 130

Ketchup 32

Kichererbsen
- Falafeln 121
- Hummus Grundrezept 36
- Schokohäppchen aus Kichererbsen 88
- Zitronen-Hummus 36

Kinderpunsch 161

Kirschen
- Arme Ritter mit Kirschen 64
- Kirsch-Joghurt-Muffins 92

Kiwi
- Infused Water mit Kiwi, Passionsfrucht & Minze 144

Knoblauchdip 39

Kokosnuss
- Blumenkohlcurry 130
- Energy Balls Coffee Energy 73
- Energy Balls Mango-Kokos-Balls 73
- Energy Balls Pistazien-Energie 73
- Infused Water Mango, Kokosnuss & Limette 144
- Kokosriegel mit Schokolade 76

Kürbis
- Kürbis-Blondies 102
- Pumpkin Spice 29
- Pumpkin-Spice-Latte 159

L

Lebkuchenpralinen 86

Limette
- Himbeer-Limetten-Limonade 152
- Hugo 147
- Infused Water mit Mango, Kokosnuss & Limette 144

Limonade
- Himbeer-Limetten 152
- Orange 153
- Zitronen 152

Linguine Napoli 126

M

Mandarinen-Cremeschnitten 108

Mandel
- Bircher-Müsli 50
- Dinkelcookies mit Schokostückchen 68
- Energy Balls Coffee Energy 73
- Frühstücks-Auflauf 57
- Granola 51
- Mandelhörnchen mit Marzipan 78
- Marzipan 42
- Bratapfel-ONO 48
- Rhabarber-Vanille-ONO 47
- Spekulatiuspralinen 86

Mango
- Energy Balls Mango-Kokos-Balls 73
- Infused Water mit Mango, Kokosnuss & Limette 144
- Mango-Bohnen-Salat 120
- Mango-Pfefferminz-Eistee 154

Marzipan
- Mandelhörnchen mit Marzipan 78
- Marzipan 42

Möhren
- Asia-Salat mit Vollkornnudeln 116
- Gemüsebrühpaste 28
- Gemüsewaffeln mit Kräuterdip 54
- Rüblischnitten mit Frosting 96
- Sushi-Salat mit Garnelen 114
- Thai-Bolognese 132
- Thai-Nudelsalat mit Hähnchen 118

Müslistangen 58
Muffins, Kirsch-Joghurt- 92

N

Nougat-Bananen-Kuchen 110
Nuss-Nougat-Creme 42

Nüsse
- Bananenbrot 98
- Energy Balls Coffee Energy 73
- Energy Balls Grundrezept 72
- Energy Balls Schoko-Hasel-Traum 73
- Granola 51
- Lebkuchenpralinen 86
- Müslistangen 58
- Nougat-Bananen-Kuchen 110
- Schlemmerfilet mit Brokkoli 140
- Spekulatiuspralinen 86

O

Ofenpfannkuchen aus Dinkel 70
Ofenschnitzel 136

Orangen
- Kinderpunsch 161
- Orangenlimonade 153

Overnight Oats
- Baukasten 46
- Bratapfel 48
- Erdbeer 47
- Grundrezept 46
- Lebkuchen 48
- Rhabarber-Vanille 47

P

Pancakes, Beeren 56

Paprika
- Hähnchen-One-Pot mit Reis 134

Passionsfrucht
- Infused Water mit Kiwi, Passionsfrucht & Minze 144

Pasta
- Linguine Napoli 126
- Pizza- & Pastasauce 34
- Tagliatelle mit Ofengemüse 124
- Thai-Bolognese 132

Pfannkuchen, Ofen-, aus Dinkel 70
Pfirsich-Eistee 156
Pflaumen, Fruchtmus, würzige 41
Pistazien-Energie, Energy Balls 73
Pizza- & Pastasauce 34

Pralinen
- Erdnusspralinen mit Meersalz 84
- Lebkuchenpralinen 86
- Spekulatiuspralinen 86

Q

Quark
- Apfelmus-Cheesecake 104
- Cheesecakes am Stiel 94
- Himbeerrolle mit Kakao 100
- Mandarinen-Cremeschnitten 108
- Schokoschnitten mit Quarkcreme 80

R

Reis
- Hähnchen-One-Pot mit Reis 134
- Sushi-Salat mit Garnelen 114

Reisnudeln
- Thai-Bolognese 132
- Thai-Nudelsalat mit Hähnchen 118

Rhabarber
- Fruchtmus Rhabarber & Erdbeere 41
- Fruchtmus Rhabarber & Vanille 41
- Rhabarber-Vanille-ONO 47

Rindfleisch
- Thai-Bolognese 132

Rüblischnitten mit Frosting 96

S

Salate
- Asia-Salat mit Vollkornnudeln 116
- Mango-Bohnen-Salat 120
- Sushi-Salat mit Garnelen 114
- Thai-Nudelsalat mit Hähnchen 118

Saucen
- Burger-Sauce 33
- Chilisauce 35
- Pizza- & Pastasauce 34

Schnitzel, Ofen- 136

Schokolade
- Dattel-Haselnuss-Creme 43
- Dinkelcookies mit Schokostücken 68
- Energy Balls Mango & Kokos 73
- Energy Balls Schoko-Hasel-Traum 73
- Erdnusspralinen mit Meersalz 84
- Himbeerrolle mit Kakao 100
- Kokosriegel mit Schokolade 76
- Kürbis-Blondies 102
- Lebkuchenpralinen 86
- Mandelhörnchen mit Marzipan 78
- Nuss-Nougat-Creme 42
- Overnight Oats Lebkuchen-ONO 48
- Schokobrötchen 62
- Schokohäppchen aus Kichererbsen 88
- Schokoschnitten mit Quarkcreme 80
- Spekulatiuspralinen 86

Shakshuka, Zucchini- 122

Sirup
- Chai-Latte-Sirup 158
- Himbeersirup 150
- Holunderbeerensirup 148
- Holunderblütensirup 146
- Waldmeistersirup 148
- Zitronen-Ingwer-Sirup 150

Spekulatiuspralinen 86
Sushi-Salat mit Garnelen 114

T

Tagliatelle mit Ofengemüse 124
Teriyaki-Hähnchen 128
Thai-Bolognese 132
Thai-Nudelsalat mit Hähnchen 118

Tomaten

- Blumenkohlcurry 130
- Guacamole 38
- Hähnchen-One-Pot mit Reis 134
- Ketchup 32
- Linguine Napoli 126
- Pizza- & Pastasauce 34
- Tagliatelle mit Ofengemüse 124
- Zucchini-Shakshuka 122

W

Waffeln

- Dinkelwaffeln mit Skyr 52
- Gemüsewaffeln mit Kräuterdip 54

Waldmeistersirup 148

Z

Zitrone

- Infused Water mit Erdbeere, Zitrone & Basilikum 144
- Zitronen-Eistee 156
- Zitronen-Hummus 36
- Zitronen-Ingwer-Sirup 150
- Zitronenlimonade 152

Zucchini

- Gemüsewaffeln mit Kräuterdip 54
- Tagliatelle mit Ofengemüse 124
- Thai-Bolognese 132
- Zucchini-Shakshuka 122

BESONDERE KATEGORIEN

Vegane Rezepte

Asia-Salat mit Vollkornnudeln 116
Blumenkohlcurry 130
Chilisauce 35
Dattel-Haselnuss-Creme 43
Edamame-Snack 89
Energy Balls Coffee Energy 73
Energy Balls Grundrezept 72
Energy Balls Mango & Kokos 73
Energy Balls Pistazien-Energie 73
Energy Balls Schoko-Hasel-Traum 73
Falafeln 121
Fixe Vinaigrette 30
Fruchtmus 41
Gemüsebrühpaste 28
Granola 51
Guacamole 38
Himbeer-Limetten-Limonade 152
Himbeersirup 150
Holunderbeerensirup 148
Holunderblütensirup 146
Hummus Grundrezept 36
Infused Water Apfel, Ingwer & Zimt 144
Infused Water Erdbeere, Zitrone & Basilikum 144
Infused Water Kiwi, Passionsfrucht & Minze 144
Infused Water Mango, Kokosnuss & Limette 144
Ketchup 32
Kinderpunsch 161
Linguine Napoli 126
Mango-Bohnen-Salat 120
Mango-Pfefferminz-Eistee 154
Marzipan 42
Nuss-Nougat-Creme 42
Orangenlimonade 153
Pfirsich-Eistee 156
Pizza- & Pastasauce 34
Pumpkin-Spice 29
Waldmeistersirup 148
Zitronen-Eistee 156
Zitronen-Hummus 36
Zitronen-Ingwer-Sirup 150
Zitronenlimonade 152

Vegetarische Rezepte

Apfel-Streuselkuchen 106
Apfelmus-Cheesecake 104
Arme Ritter mit Kirschen 64
Ausgebackene Apfelringe 82
Bananenbrot 98
Beeren-Pancakes 56
Bircher-Müsli 50
Briochezopf 60
Burger-Sauce 33
Chai Latte 158
Chai-Latte-Sirup 158
Cheesecakes am Stiel 94
Dinkelcookies mit Schokostückchen 68
Dinkelwaffeln mit Skyr 52
Erdnusspralinen mit Meersalz 84
Fetadip 38
Frühstücks-Auflauf 57
Gemüsewaffeln mit Kräuterdip 54
Heiße Schokolade 160
Himbeerrolle mit Kakao 100
Hugo 147
Joghurt-Dressing 31
Kirsch-Joghurt-Muffins 92
Knoblauchdip 39
Kokosriegel mit Schokolade 76
Kürbis-Blondies 102
Lebkuchenpralinen 86
Mandarinen-Cremeschnitten 108
Mandelhörnchen mit Marzipan 78
Müslistangen 58
Nougat-Bananen-Kuchen 110
Ofenpfannkuchen aus Dinkel 70
Overnight Oats Bratapfel 48
Overnight Oats Erdbeer 47
Overnight Oats Grundrezept 46
Overnight Oats Lebkuchen 48
Overnight Oats Rhabarber-Vanille 47
Pumpkin-Spice-Latte 159
Rüblischnitten mit Frosting 96
Schokobrötchen 62
Schokohäppchen aus Kichererbsen 88
Spekulatiuspralinen 86
Tagliatelle mit Ofengemüse 124
Zucchini-Shakshuka 122

ZUR AUTORIN

Vanessa Busch beschäftigt sich seit 2016 intensiv mit gesunder Ernährung und vor allem mit dem Thema Zucker. Ihre Leidenschaft für eine gesunde Lebensweise hat sie dazu inspiriert, das Instagram-Profil „Primaskitchen" zu gründen. Dort teilt sie ihre zuckerfreien Rezepte und hilft mittlerweile Tausenden von Menschen dabei, gesünder zu leben, Zucker zu reduzieren und sich in ihrem Körper wohlzufühlen.

HINWEIS

Die Ratschläge in diesem Buch wurden mit größter Sorgfalt von Autorin und Verlag erarbeitet und geprüft. Eine Garantie kann jedoch nicht übernommen werden. Ebenso ist eine Haftung der Autorin bzw. des Verlags und seiner Beauftragten für Personen-, Sach- oder Vermögensschäden ausgeschlossen.

FOOD FOTOS

Im Buch enthaltene Foodfotos können zur eigenen Nutzung erworben werden unter *www.stockfood.de*

IMPRESSUM

Hinter jedem tollen Buch steckt ein starkes Team

Projektleitung: *Sonja Forster*
Texte & Rezepte: *Vanessa Busch*
Lektorat: *Annika Genning*
Covergestaltung: *31Media GmbH, Gundi Schillinger*
Grafische Gestaltung Innenteil: *31Media GmbH, Geela Eden-Herlyn*
Satz: *31Media GmbH, Stephanie Willing*
Foodfotografie: *31Media GmbH, Ben Fuchs*
Foodstyling: *31Media GmbH, Max Faber*
Peoplefotografie: *31Media GmbH, Sebastian Knoth*
Herstellung: *Frank Jansen*
Producing: *Jan Russok*
Druck & Bindung: *Optimal media GmbH, Röbel*

1. Auflage 2024

Kaiserstraße 14 b
D-80801 München
ISBN: 978-3-96584-425-4

BILDNACHWEIS

StockFood/Leoni, Ira: Coverfoto; **31Media GmbH, Ben Fuchs:** alle Foodfotos; **31Media GmbH, Sebastian Knoth:** alle Peoplefotos; **Geela Eden-Herlyn:** Icons Blitzrezept, mealprep, low carb; **shutterstock**/AnyaPL: 11, /bigacis: 46 (Kakaonibs), /Chereliss: 46 (Glas), /denira: 46 (Milch),/Diana Taliun: 46 (Chiasamen), /Dionisvera: 46 (Vanille), /Happy Stock Photo: 46 (Leinsamen), /M. Unal Ozmen: 46 (Haferflocken), /Mari Franz: 13, /Photoongraphy: 46 (Erdbeeren), /Tanya Sid: 46 (Joghurt, Blaubeeren), /Tetiana Rostopira: 46 (Mandeln), /Tim UR: 46 (Birnen), /TukTuk Design: 25, /V3rc4: Icons vegan, veggie, glutenfrei, /Yeti studio: 46 (Zimt).

LIEBE LESERINNEN, LIEBE LESER,

wie schön, dass Sie ein Buch von ZS in den Händen halten. „Jetzt leben!“ ist das Motto unseres Verlages. Es steht für Genuss und Inspiration, Unterstützung und Motivation. Ob Kulinarik oder Fitness, Gesundheit oder Lebenshilfe – seit über 30 Jahren bieten wir kompetente Ratgeber für (fast) alle Lebenslagen. Wir lieben Tradition genauso wie Innovation – sie treiben uns an. Unsere Autorinnen und Autoren sind Menschen, die zu ihrem Thema wirklich etwas zu sagen und zu schreiben haben. Unsere Produkte sind erzählerisch, appetitmachend und als gedruckte Bücher haptisch echte Erlebnisse. Für Sie mit ganz viel Liebe gemacht! Entdecken Sie mehr aus unserer wunderbaren Welt!

UNSER VERLAGSHAUS

Mit Standorten in Hamburg und München zählt die Edel Verlagsgruppe zu den größten unabhängigen Buchanbietern Deutschlands. Zur Gruppe gehören die Verlage Dr. Oetker Verlag, Edel Sports, KARIBU und ZS.

ZS - Ein Verlag der Edel Verlagsgruppe
www.zsverlag.de
www.facebook.com/zsverlag
www.instagram.com/zsverlag

FÜR DIE UMWELT

ZS unterstützt bei der Produktion dieses Buches das Projekt „Junge Riesen für die nächsten 100 Jahre“ im Naturpark Nossentiner/Schwinzer Heide. Damit wird ein Anteil der unvermeidbaren CO_2-Emissionen im direkten Umfeld des Produktionsstandortes kompensiert.

PARTNER
Naturpark
Nossentiner / Schwinzer Heide
www.optimal-media.com/naturschutzprojekt-001

NEWSLETTER

Was koche ich heute Feines? Und wie geht das – schmackhaft und gesund?

Melden Sie sich jetzt zum ZS-Genuss-Service an und verpassen Sie keine kulinarischen und gesundheitlichen Trends mehr.
Wir informieren Sie regelmäßig über unsere Neuerscheinungen, Aktionen oder Gewinnspiele und verraten Ihnen unsere Lieblingsrezepte!

GEWINNEN

Unter allen Neuabonnierenden verlosen wir jeden Monat eine *ZS-Genuss-Box* im Wert von 75,00 €.

Jetzt anmelden unter:
www.zsverlag.de/newsletter
oder den QR Code scannen:

ANMELDEN!